EERSTE EDITIE - Gepubliceerd in 2022

Extra grafisch materiaal van: www.freepik.com
Dank aan: Alekksall, Starline, Pch.vector, Rawpixel.com, Vectorpocket, Dgim-studio, Upklyak, Macrovector, Stockgiu, Pikisuperstar & Freepik.com Designers

5 TIPS OM TE BEGINNEN!

1) HOE OP TE LOSSEN

De Puzzels zijn in een Klassiek Formaat:

- Woorden worden verborgen zonder pauzes (geen spaties, streepjes, ...)
- Oriëntatie: Voorwaarts & Achterwaarts, Boven & Beneden of in Diagonaal (kan in beide richtingen)
- Woorden kunnen elkaar overlappen of kruisen

2) ACTIEF LEREN

Naast elk woord is een spatie voorzien om de vertaling te noteren. Om actief te leren vindt u een **WOORDENBOEK** aan het einde van deze editie om uw kennis te controleren en uit te breiden. U kunt elke vertaling opzoeken en opschrijven, de woorden in de puzzel vinden en ze vervolgens aan uw woordenschat toevoegen!

3) TAG JE WOORDEN

Hebt u al geprobeerd een labelsysteem te gebruiken? U zou bijvoorbeeld de woorden die moeilijk te vinden waren kunnen markeren met een kruis, de woorden die u leuk vond met een ster, nieuwe woorden met een driehoek, zeldzame woorden met een ruit enzovoort...

4) ORGANISEER UW LEREN

Wij bieden ook een handig **NOTITIEBOEKJE** aan het eind van deze uitgave. Of u nu op vakantie, op reis of thuis bent, u kunt uw nieuwe kennis gemakkelijk ordenen zonder dat u een tweede notitieboek nodig hebt!

5) AFGESLOTEN?

Ga naar de bonussectie: **FINAAL UITDAGING** om een gratis spel te vinden dat aan het einde van deze editie wordt aangeboden!

Wil je meer leuke en leerzame activiteiten? Het is Snel en Eenvoudig!
Een hele collectie spelboeken slechts **één klik verwijderd!**

Vind uw volgende uitdaging bij:

BestActivityBooks.com/MijnVolgendeBoek

Klaar... Start!

Wist u dat er zo'n 7000 verschillende talen in de wereld zijn? Woorden zijn kostbaar.

We houden van talen en hebben hard gewerkt om de boeken van de hoogste kwaliteit voor u te maken. Onze ingrediënten?

Een selectie van onmisbare leerthema's, drie grote plakken plezier, dan voegen we er een lepel moeilijke woorden en een snuifje zeldzame woorden aan toe. We serveren ze met zorg en een maximum aan verrukking, zodat je de beste woordspelletjes kunt oplossen en veel plezier beleeft aan het leren!

Uw feedback is essentieel. U kunt een actieve bijdrage leveren aan het succes van dit boek door een recensie achter te laten. Vertel ons wat u het meest beviel in deze editie!

Hier is een korte link die u naar uw bestelpagina brengt:

BestBooksActivity.com/Recensies50

Bedankt voor uw hulp en veel plezier met het spel!

Linguas Classics

1 - Metingen

```
D  L  I  S  S  L  L  K  Z  M  L  D  P  F  D  B
É  O  C  E  S  S  A  M  I  X  G  A  O  K  W  J
C  N  E  M  M  A  R  G  O  L  I  K  U  A  D  Z
I  G  F  L  L  C  G  O  G  I  O  E  C  F  J  E
M  U  Q  T  Z  V  E  N  N  O  T  M  E  H  M  H
A  E  P  E  S  E  U  C  J  W  M  U  È  H  V  V
L  U  C  R  Q  C  R  W  U  O  X  L  N  T  K  L
Z  R  E  T  O  Q  B  U  Q  M  C  O  Z  E  R  O
K  T  N  È  W  F  M  I  S  Y  I  V  C  T  L  E
J  M  T  M  S  U  O  U  G  F  R  N  G  C  D  C
Z  F  I  Y  C  V  G  N  S  P  U  O  U  O  U  N
N  G  M  L  I  T  R  E  D  V  E  V  A  T  H  O
Y  B  È  X  X  Q  H  Z  I  E  T  N  I  P  E  O
N  D  T  F  R  O  M  O  O  T  U  L  I  C  T  B
T  I  R  F  E  W  O  V  P  S  A  R  N  Q  T  M
P  Z  E  M  M  A  R  G  D  B  H  E  D  W  A  D
```

LARGEUR
OCTET
CENTIMÈTRE
DÉCIMAL
PROFONDEUR
POIDS
GRAMME
HAUTEUR
POUCE
KILOGRAMME

KILOMÈTRE
LONGUEUR
LITRE
MASSE
MÈTRE
MINUTE
ONCE
PINTE
TONNE
VOLUME

2 - Opwarming van de Aarde

```
D  D  A  L  S  W  T  N  A  N  E  T  N  I  A  M
K  S  T  V  T  I  E  H  Y  É  Z  C  F  K  G  D
L  F  T  R  N  N  M  P  F  F  N  M  R  J  P  V
R  U  E  O  E  D  P  I  M  F  R  E  D  D  R  T
W  T  N  T  M  U  É  Z  G  A  Z  N  R  O  H  N
H  U  T  B  E  S  R  C  R  I  S  E  J  G  S  E
U  R  I  I  G  T  A  B  F  Y  G  H  I  E  I  M
M  U  O  W  N  R  T  A  R  C  T  I  Q  U  E  E
A  J  N  Y  A  I  U  G  R  U  M  E  C  S  T  P
I  R  Y  X  H  E  R  R  L  G  V  K  X  X  R  P
N  J  S  E  C  N  E  U  Q  É  S  N  O  C  U  O
S  H  M  V  J  C  S  E  É  N  N  O  D  V  K  L
E  X  S  C  I  E  N  T  I  F  I  Q  U  E  C  E
I  N  T  E  R  N  A  T  I  O  N  A  L  D  A  V
G  É  N  É  R  A  T  I  O  N  S  I  L  C  B  É
R  H  C  L  I  M  A  T  M  Y  V  T  E  G  D  D
```

ATTENTION	INTERNATIONAL
ARCTIQUE	CLIMAT
CRISE	HUMAINS
ÉNERGIE	MAINTENANT
GAZ	DÉVELOPPEMENT
DONNÉES	TEMPÉRATURES
GÉNÉRATIONS	FUTUR
CONSÉQUENCES	CHANGEMENTS
INDUSTRIE	SCIENTIFIQUE

3 - Keuken

```
P  F  G  F  T  C  U  I  L  L  È  R  E  S  A  V
O  O  R  N  A  R  Q  S  E  C  I  P  É  K  H  J
T  B  I  S  B  M  N  E  R  U  T  A  S  S  E  S
X  O  L  O  L  J  L  R  É  Z  F  O  U  R  T  F
D  U  B  N  I  T  H  V  F  E  W  O  D  Q  T  O
C  I  A  B  E  F  D  I  R  S  N  X  T  R  E  U
P  L  D  E  R  E  C  E  I  R  F  R  B  Y  C  R
B  L  J  H  T  R  K  T  G  É  D  N  I  X  E  C
A  O  X  C  T  U  S  T  É  C  P  B  O  L  R  H
G  I  I  U  P  T  O  E  R  S  R  O  B  O  M  E
U  R  E  O  A  I  I  C  A  G  Q  U  N  N  T  T
E  E  W  L  E  R  U  N  T  U  C  M  C  G  O  T
T  U  I  G  V  R  S  D  E  W  S  R  J  H  E  E
T  S  V  A  K  U  Z  W  U  Z  V  C  Q  A  E  S
E  N  V  T  S  O  V  K  R  K  H  P  G  T  H  I
S  L  L  G  J  N  U  F  E  H  B  W  N  B  C  P
```

TASSES	LOUCHE
BAGUETTES	POT
GRIL	RECETTE
BOUILLOIRE	TABLIER
RÉFRIGÉRATEUR	SERVIETTE
BOL	ÉPICES
CRUCHE	ÉPONGE
CUILLÈRES	NOURRITURE
COUTEAUX	FOURCHETTES
FOUR	

4 - Boten

```
R K I M U C V B M Y C É N V V M
U A L N A É C O Â L Ë Q A O T U
E Y D K Z R G H T V O U B B O C
T A H E U Q I T U A N I Y H B N
O K N Q A M W T O Q A P G N R H
M D P K B U V H I N C A L L H A
F L E U V E A C N M R G L I T V
D D O C K É G A J R E E A E Q B
C O R D E U U Y R R E F C L U S
Y Q X Y R O E W E L C F Q Q R Y
A N C R E B S H I W M Y K O D P
M V G R T K U S L J Q K Q T M T
O M S F J L T S I L K Y Z O F R
M H T O H E X Y O F U P M Q O W
M E B N C H V L V O S R C T B T
J L R X H M G I B F M I H T H X
```

ANCRE
ÉQUIPAGE
BOUÉE
DOCK
VAGUES
YACHT
KAYAK
CANOË
MARITIME
MÂT

LAC
MOTEUR
NAUTIQUE
OCÉAN
FLEUVE
CORDE
FERRY
RADEAU
MER
VOILIER

5 - Chocolade

```
C V S G B C P D F A R Ô M E A B
A B H W G B H V N A E L U A N O
C Q A M E R D O U X V E E P T N
A S F O T A G L R Z J O G U I B
H I M I T U M E U L V S R W O O
U O J M E U Q I T O X E T I X N
È W J V C V H S N S B I H L Y N
T É C L E O M D E E O R F D D O
E T A A R Z X É I N Z O T O A I
S I Û I C M E L D V J L R Z N X
Y L N O C A O I É I N A F G T D
D A N X G Z O C R E L C M R F E
S U C R E U X I G P O U D R E C
K Q F H N D Z E N B I N A Q X O
C A R A M E L U I Z B R C E T C
I B T M H V R X O M A B K C S O
```

ANTIOXYDANT
ARÔME
AMER
CACAO
CALORIES
EXOTIQUE
FAVORI
DÉLICIEUX
INGRÉDIENT
CARAMEL

NOIX DE COCO
QUALITÉ
CACAHUÈTES
POUDRE
RECETTE
GOÛT
BONBON
SUCRE
ENVIE
DOUX

6 - Gezondheid en Welzijn #2

```
D C Q I D Q E E S Z U A X T G U
X I D N O I T I R T U N I A S W
M X G J J X È V B Q R U C I C Z
A R N E I M O T A N A L G Z K L
S K A Z S Z W I E I G R E L L A
S S S E R T S V I T A M I N E T
A P M U V É I T U R C P R O M I
G R A Q U N Q O L I B M O I M P
E O L I E E H H N H S Y L T X Ô
O C A T O R H Y Q S W O A C G H
D K D É R G H R G D X X C E T C
G O I N J I X E L I S U H F Q Y
O N E É J E G J R O È M O N E M
Z R O G Z F V U N P B N G I A S
R É C U P É R A T I O N E O B J
G K B H U Q B R T M O H V O W W
```

ALLERGIE

ANATOMIE

SANG

CALORIE

DIÈTE

ÉNERGIE

GÉNÉTIQUE

POIDS

SAIN

RÉCUPÉRATION

HYGIÈNE

INFECTION

CORPS

MASSAGE

DIGESTION

STRESS

VITAMINE

NUTRITION

HÔPITAL

MALADIE

7 - Tijd

```
J  N  W  T  P  D  R  M  S  D  J  Q  A  R  L  A
M  H  Z  H  J  L  H  Q  D  É  D  D  I  C  Y  U
A  A  N  N  A  P  R  È  S  C  Y  J  H  H  E  J
N  A  I  Q  R  N  C  T  I  E  T  U  N  I  M  O
N  N  A  N  U  A  G  C  O  N  G  V  I  D  C  U
É  N  M  L  T  V  S  H  M  N  F  R  T  I  A  R
E  U  E  R  U  E  H  S  P  I  P  G  A  M  L  D
Z  E  D  T  F  Q  N  Z  Y  E  J  H  M  S  E  H
R  L  L  Y  X  G  N  A  Z  B  O  I  J  B  N  U
F  M  D  D  R  I  B  V  N  L  U  E  T  K  D  I
H  O  R  L  O  G  E  V  K  T  R  R  U  S  R  S
O  B  U  O  W  G  E  W  W  S  L  I  F  H  I  M
B  R  N  G  T  S  I  È  C  L  E  H  Y  Y  E  P
H  B  V  U  P  G  Y  G  Z  R  I  L  M  U  R  E
N  I  E  N  I  A  M  E  S  I  C  H  D  H  F  W
J  N  H  S  K  T  F  P  M  V  T  P  O  Z  M  R
```

JOUR	MINUTE
DÉCENNIE	DEMAIN
SIÈCLE	APRÈS
HIER	NUIT
ANNÉE	MAINTENANT
ANNUEL	MATIN
CALENDRIER	FUTUR
HORLOGE	HEURE
MOIS	AUJOURD'HUI
MIDI	SEMAINE

8 - Meditatie

```
É V E I L L É I M W K O R T N G
N G C R V J L K V U Q N O T A C
H C Y R V X G O X X S O D C T M
G E N T I L L E S S E I C L U O
R E S P I R A T I O N T Q A R U
C M E N T A L V V N R N M U E V
N O I T A T P E C C A E Z H E E
W S M Y H Q B J U X K T U B P M
T N G P Z O E G P G M T B I O E
N O I T A V R E S B O A X Y S N
T I S E Z S E É S N E P A E T T
A T H S W C S X C L A R T É U W
B O N H E U R I E P E Z T W R O
Q M R Z H O L A O O Z M Y K E G
U É K Y G Y E P Q N X O U K W G
G R A T I T U D E S I L E N C E
```

ATTENTION
ACCEPTATION
RESPIRATION
MOUVEMENT
GRATITUDE
ÉMOTIONS
PENSÉES
BONHEUR
CLARTÉ
POSTURE

COMPASSION
MENTAL
MUSIQUE
NATURE
OBSERVATION
SILENCE
PAIX
GENTILLESSE
ÉVEILLÉ

9 - Muziek

```
T O S B B C É C L E C T I Q U E
P E I E V H P O É T I Q U E N B
Y O M Q H Œ A W C M F D B E K A
Q O P P O U R Y T H M I Q U E L
Q Q P H O R A S B P U C S Q M L
D D R É M D D T D L B H C I H A
F L O J R Y Q W Y H L A Q S T D
H A L F E A F I H A A N T S Y E
A C J V S B V E U N C T A A R U
R I M P R O V I S E R E W L X Q
M S M U P A H I B I I R X C V I
O U A W H I P C C C X D K Z Y R
N M F J X P T O O I E F O U J Y
I C H A N T E U R S Q A K L T L
E O F F N N A T N U C D J O É P
E N O H P O R C I M C O E F O M
```

ALBUM
BALLADE
ÉCLECTIQUE
HARMONIE
IMPROVISER
CLASSIQUE
CHŒUR
LYRIQUE
MÉLODIE
MICROPHONE

MUSICAL
MUSICIEN
OPÉRA
POÉTIQUE
RYTHME
RYTHMIQUE
TEMPO
CHANTEUR
CHANTER

10 - Vogels

```
C M P C Z P P E R R O Q U E T Z
A O É Y L G O I Q S D I O U D P
N I L G U X F U E O J B C G G W
A N I N L T L G L V N M U N B C
R E C E Z O R S O E N G O G I C
D A A U T X Y W I K T D C U C X
I U N O R É H R E C O L O M B E
S O A O Z B U X T H N J P F P S
Z A C G A S I X T C C H J T A C
I S U J C P T P E R Y U V L S V
J A O K X X L H U A E B R O C R
J I T Q Z H I B O U H V J T D S
V K A O D Z M U M L K A D J U U
P H C G I O H T S M Z P W L D A
M A N C H O T N A M A L F X U Q
E N A W T E Z R Y G B Z D E A E
```

COLOMBE
CANARD
OEUF
FLAMANT
OIE
POULET
COUCOU
CORBEAU
MOUETTE
MOINEAU

CIGOGNE
PERROQUET
PAON
PÉLICAN
MANCHOT
HÉRON
AUTRUCHE
TOUCAN
HIBOU
CYGNE

11 - Universum

```
O R B I T E R È H P S I M É H E
Z O M E F Z H U E N U L N L Q L
R O D C X N M Y M S L A P C R S
V E D U T I G N O L A E K O D F
T I I I E I A N N R T C B S F T
Z X S A A V X A O G I I C M E J
O A U I T Q D I R P T T Q I D A
P L V O B M U U T F U S R Q Ï R
C A Z O B L O E S X D L J U O U
T G C Q H A E S A N E O K E R E
H O R I Z O N E P O C S E L É T
O B S C U R I T É H C G O C T A
L S K E K I P W G D È S E I S U
I N C L I N A I S O N R N E A Q
P M T L H R A L E M W Z E L X É
A S T R O N O M I E C O J N B J
```

ASTÉROÏDE	CIEL
ASTRONOMIE	HORIZON
ASTRONOME	INCLINAISON
ATMOSPHÈRE	COSMIQUE
ORBITE	LONGITUDE
LATITUDE	LUNE
ZODIAQUE	GALAXIE
OBSCURITÉ	TÉLESCOPE
ÉQUATEUR	VISIBLE
HÉMISPHÈRE	SOLSTICE

12 - Wiskunde

```
D P O L Y G O N E K R É D W J K
P I R E C T A N G L E R È H P S
C Y A A N G L E S E M R X R D G
M I X M E I D É C I M A L E E N
Y W R O È K V F Y R O C O L I O
E A M C U T R E F T S N X È C K
K A R Q O Y R R W É Q O R L H X
T M D J U N O E Y M A I N L Q O
N R E N C X F M N O I T C A R F
A V I M Y P I É J É Y A Z R V Z
S I R A Y Z I M R G L U F A O W
O A T V N N U E Y E A Q W P L V
P H É Y S G E F U N N É K V U P
X B M E Q R L G P F X C W I M D
E M Y T B B P E F Y D B E J E Y
N D S D I V I S I O N R A Y O N
```

SPHÈRE
DÉCIMAL
DIAMÈTRE
DIVISION
TRIANGLE
EXPOSANT
FRACTION
GÉOMÉTRIE
ANGLES
CIRCONFÉRENCE

PARALLÈLE
RECTANGLE
SOMME
RAYON
SYMÉTRIE
POLYGONE
ÉQUATION
CARRÉ
VOLUME

13 - Gezondheid en Welzijn #1

```
M T K Q H S R N V I I Q I N M B
S R A A P C P O L I I E G E É A
U A E P I D F I X K R R R R D C
B I I G M S C T N T Y U L F I T
L T C N Q Y R A Q P S T S S C É
E E A K Y C É X C Z V C E E A R
S M M T E Z F A I T V A L E M I
S E R D W Y L L A D I R C T E E
U N A Q X F E E D G P F S H N S
R T H Q N A X R Z E Q V U É T G
E K P G L I E J U E N O M R O H
Q C E M Y M C E D U T I B A H A
O F S P O R U E T U A H F P T M
C L I N I Q U E D Y X N I I Z K
Y G Y W T G P Y N É Z S U E H M
F H P M Y Q L Q E W M F I R K P
```

ACTIF	PEAU
PHARMACIE	CLINIQUE
BACTÉRIES	BLESSURE
TRAITEMENT	MÉDICAMENT
FRACTURE	RELAXATION
MÉDECIN	RÉFLEXE
HABITUDE	MUSCLES
FAIM	THÉRAPIE
HAUTEUR	VIRUS
HORMONE	NERFS

14 - Camping

```
C H N A P I R E C A B F V T Q D
A S A B O U S S O L E N F G P N
B F C M I S V V T N S A I Q U V
I E O L A I Z G Z C Y T N B M W
N U R N Q C V W Z A F U S X R N
E H D D O H Q T Z R Y R E N U L
I P E E N F K C K T P E C F G A
M N Z U B S J F H E Z J T H E V
C H A P E A U O M A X J E H L E
M X D I O E N R O S S J T D A N
C U O D N I K Ê N U M S N A C T
K A B B W V G T T Q P F E O Z U
N M N C M J Y N A R R T T S C R
I I E O U Q Y B G A R B R E S E
P N B T Ë O I D N Q L M F R R S
L A N T E R N E E P M X E O M P
```

AVENTURE
MONTAGNE
ARBRES
FORÊT
FEU
CABINE
ANIMAUX
HAMAC
CHAPEAU
INSECTE

CHASSE
CARTE
CANOË
BOUSSOLE
LANTERNE
LUNE
LAC
NATURE
TENTE
CORDE

15 - Algebra

```
X É I N I F N I L Z A T Q Y D I
N Q S O M M E Y R I É B K U J A
S U O I P Y P Z J Q N R U Q V P
O A Y T A H C R H J L É O Y P E
U T Y C R U E T C A F Z A F R P
S I C A E P R O B L È M E I K K
T O B R N O É T I T N A U Q R V
R N D F T O D N O I T U L O S E
A Y U W H Y V A R I A B L E I T
C F G B È U E S A W W P O K F P
T S A L S I B O F O R M U L E R
I M K U E X M P V F E B B G X C
O Z D X X J S X J H B X R P C Y
N S D E Y V R E I F I L P M I S
D I A G R A M M E C I R T A M D
G R A P H I Q U E P D H V X D H
```

SOUSTRACTION
DIAGRAMME
EXPOSANT
FACTEUR
FORMULE
FRACTION
GRAPHIQUE
PARENTHÈSE
QUANTITÉ
LINÉAIRE

MATRICE
ZÉRO
INFINI
SOLUTION
PROBLÈME
SOMME
FAUX
VARIABLE
SIMPLIFIER
ÉQUATION

16 - Activiteiten

```
P U Z Z L E S C N S L J W P C A
A C T I V I T É H A R K K H A R
I P H Q U O F T T A I K L O M T
K O I Y M Y E Q A T S M G T P I
C É R A M I Q U E Z I S W O I S
Y Z R S P Ê C H E C A R E G N A
L M A G I E G N G O L E S R G N
H E F U K W W Z A M P L N A D A
H É C Y E L Y F N P H A A P Z T
D N A T R V V U I É F X D H G B
L N B R U J Z U D T Z A Z I I H
W O G I T R U N R E G T S E F Y
P D Z S N N E I A N B I Q J Y I
A N I I I X G V J C U O Z G K D
H A R O E B A H P E B N L C W I
S R K L P C O U T U R E G P T Y
```

ACTIVITÉ
ARTISANAT
DANSE
PHOTOGRAPHIE
PÊCHE
CHASSE
CAMPING
CÉRAMIQUE
ART
LECTURE

MAGIE
COUTURE
RELAXATION
PLAISIR
PUZZLES
PEINTURE
JARDINAGE
COMPÉTENCE
LOISIR
RANDONNÉE

17 - Vormen

```
Y  X  I  O  X  K  P  R  I  J  C  O  U  R  B  E
T  R  I  A  N  G  L  E  O  U  K  A  L  P  C  H
P  O  L  Y  G  O  N  E  A  N  I  O  C  R  A  Y
Q  E  E  Q  C  A  I  N  R  C  D  R  M  I  R  P
B  P  N  A  G  É  T  Ô  C  Y  D  L  B  S  R  E
K  O  Q  H  L  S  I  C  F  Z  Y  E  A  M  É  R
S  M  R  X  P  P  J  Y  A  I  M  C  S  E  D  B
N  A  U  D  Z  H  N  C  Y  L  I  N  D  R  E  O
M  X  F  D  S  È  V  S  J  W  O  G  M  B  M  L
W  L  J  B  Z  R  C  P  A  W  Q  B  G  J  C  E
L  I  U  D  E  E  E  P  Y  R  A  M  I  D  E  L
D  I  P  T  I  C  R  V  K  M  E  U  C  F  N  A
N  T  G  X  A  U  C  W  T  Z  A  X  O  T  Q  V
G  N  E  N  I  B  L  R  T  B  U  S  F  Q  W  O
Q  E  M  Z  E  E  E  R  E  C  T  A  N  G  L  E
I  U  B  L  T  K  E  Y  B  G  C  Z  Q  D  Y  G
```

SPHÈRE
ARC
CYLINDRE
CERCLE
COURBE
TRIANGLE
COIN
HYPERBOLE
CÔTÉ
CÔNE

CUBE
LIGNE
OVALE
PYRAMIDE
PRISME
BORDS
RECTANGLE
ROND
POLYGONE
CARRÉ

18 - Diplomatie

```
W  I  Q  X  C  É  T  U  A  N  U  M  M  O  C  G
E  C  E  X  O  J  X  L  M  O  C  P  D  C  E  O
P  K  R  L  N  U  E  E  B  I  O  O  I  I  U  U
I  L  I  I  F  S  J  A  A  T  O  L  S  T  Q  V
C  N  A  E  L  T  U  E  S  U  P  I  C  O  I  E
L  Z  T  U  I  I  R  M  S  L  É  T  U  Y  T  R
R  A  I  É  T  C  E  V  A  O  R  I  S  E  A  N
É  H  N  E  G  E  L  F  D  S  A  Q  S  N  M  E
S  N  A  G  R  R  L  T  E  R  T  U  I  S  O  M
O  C  M  L  U  J  I  T  U  K  I  E  O  S  L  E
L  K  U  X  É  E  E  T  R  R  O  K  N  T  P  N
U  R  H  G  T  X  S  M  É  B  N  W  Z  Y  I  T
T  Q  S  J  I  G  N  A  M  B  A  S  S  A  D  E
I  C  R  Z  A  Q  O  É  T  H  I  Q  U  E  X  I
O  É  T  I  R  U  C  É  S  D  H  X  I  S  O  W
N  D  Z  T  T  H  F  U  F  Z  J  F  Q  Z  T  C
```

CONSEILLER
AMBASSADE
AMBASSADEUR
CITOYENS
CONFLIT
DIPLOMATIQUE
DISCUSSION
ÉTHIQUE
COMMUNAUTÉ
JUSTICE

HUMANITAIRE
INTÉGRITÉ
SOLUTION
POLITIQUE
GOUVERNEMENT
RÉSOLUTION
COOPÉRATION
LANGUES
SÉCURITÉ
TRAITÉ

19 - Astronomie

```
É É U N J Q K X F U O E I S G A
A Q T H I W G N L E T È N A L P
X S U O A S T R O N O M E T K A
L O T I I F J G K U Y E O E L S
G M X É N L C K G L W D N L R T
Z S U C R O E T È M O C I L U R
O O X J P O X U G Y J O M I N O
Z C J B X F Ï E É S U F É T I N
G R A V I T É D A S W N T E V A
X H D D D E S U E L U B É N E U
R A D I A T I O N K N B O I R T
T R M T É L E S C O P E R V S E
G C C J E R I O T A V R E S B O
C O N S T E L L A T I O N I W Y
R J C D M M P T E R R E T B C D
E O E L V X K H T Z D X N G N M
```

TERRE	OBSERVATOIRE
ASTÉROÏDE	PLANÈTE
ASTRONAUTE	FUSÉE
ASTRONOME	SATELLITE
ÉQUINOXE	ÉTOILE
COMÈTE	CONSTELLATION
COSMOS	RADIATION
LUNE	TÉLESCOPE
MÉTÉORE	UNIVERS
NÉBULEUSE	GRAVITÉ

20 - Emoties

```
T R B H D C R C E X C I T É T C
R U O M A D E S O H P N L E E A
I C P E U R L N E N J Z I N N L
S O V I D V I H S B T N Z N D M
T L X O N N E O I K S E T U R E
E È Q J E I F X R V V J N I E G
S R H Y T V R I P J X D K U S E
S E L O É S S A R R A B M E S N
E J F S D C T P U U N V N E E T
R E C O N N A I S S A N T X I I
C P P J E S Y M P A T H I E Z L
T R A N Q U I L L I T É X L P L
S A T I S F A I T B B D U F X E
O H W R H C U U F U C A K S D S
U B C P G Q M A I H Q W P M J S
P L V E M D G T D Z K D H U O E
```

PEUR	TRANQUILLITÉ
EMBARRASSÉ	SYMPATHIE
RECONNAISSANT	TENDRESSE
TRISTESSE	SATISFAIT
CONTENU	SURPRISE
CALME	ENNUI
AMOUR	PAIX
DÉTENDU	JOIE
EXCITÉ	GENTILLESSE
RELIEF	COLÈRE

21 - Vakantie #2

```
T N L E T Ô H M T R O P O R É A
D K N A E S E C N A C A V E W S
G E L Î N N T N I P X P E M S I
D G S L T M R C A P K I J H T V
F A C T E E A R R L O I S I R R
Q Y X R I E C V T W P F G K O É
L O Q O G N I P M A C C D W P S
U V F P É Q A N L Y T H I L E E
Y B Y S O T P T M F E O P O S R
M S B N N A R F I J Q L V S S V
M N P A Q U C A U O V U B E A A
Z N Y R D J O Y N N N B I P T
Y E X T F W L O P G Y U Z P N I
S P G D P X G D Z C E G A L P O
L P T N A R U A T S E R H E O N
N A F U I E D C K A T X E S S S
```

DESTINATION	RESTAURANT
ÉTRANGER	PLAGE
ÎLE	TAXI
HÔTEL	TENTE
CARTE	TRAIN
CAMPING	VACANCES
AÉROPORT	TRANSPORT
PASSEPORT	VISA
VOYAGE	LOISIR
RÉSERVATIONS	MER

22 - Eten #2

```
O L E G C V C Z R E Y O M A C A
K M B T A S T U A E O E R U P M
V K Z O E J E R N T G K M B G A
P X R A I S I N A N Z I R E D A
F F S S X U S A N O A W W R M D
T A C S B Q F P A B T I P G K E
C I B Y N G V F S J B P E I R F
J I L O C O R B A N A N E N P R
A T G B Q W E A B I D O G E O P
M Y O U F C V S L A T S A M U Ê
B M A M J D A P É P N S M M L C
O P T O A Q R E E J K I O O E H
N K X P U T I R U B X O R P T E
Y T L U I R E G V C T P F U E O
C D K L Z V T E L B H O G P W O
I H H Z D M M S H M W J D P W B
```

AMANDE
ANANAS
POMME
ASPERGES
AUBERGINE
BANANE
BROCOLI
PAIN
RAISIN
OEUF

JAMBON
FROMAGE
POULET
KIWI
PÊCHE
RIZ
BLÉ
TOMATE
POISSON
YAOURT

23 - Geologie

```
J  E  C  O  I  N  I  A  S  S  Y  Z  F  L  N  S
X  B  W  V  L  L  S  F  U  O  N  E  Q  Z  S  Y
G  E  Y  S  E  R  N  X  E  Q  B  C  K  K  F  U
A  F  J  W  M  U  U  Z  C  R  I  S  T  A  U  X
O  X  J  K  R  E  M  T  E  A  R  K  T  O  W  U
B  E  W  W  E  E  V  R  V  O  O  E  D  I  N  L
P  N  U  V  O  L  C  A  N  E  T  F  I  T  K  S
F  O  N  D  U  Q  F  U  A  E  T  A  L  P  S  Z
S  E  L  N  B  F  B  Q  M  I  N  É  R  A  U  X
A  E  S  T  A  L  A  C  T  I  T  E  N  O  Z  C
F  C  L  A  Q  V  J  W  I  X  L  H  G  K  P  A
D  Y  I  A  H  I  H  K  M  U  I  C  L  A  C  V
P  Z  Y  D  V  C  N  D  R  O  I  U  R  L  Y  E
E  S  W  L  E  E  K  N  O  I  S  O  R  É  N  R
C  O  N  T  I  N  E  N  T  V  B  C  Z  Y  B  N
H  K  C  O  R  A  I  L  F  O  S  S  I  L  E  E
```

CALCIUM
CONTINENT
ÉROSION
FOSSILE
GEYSER
FONDU
CAVERNE
CORAIL
CRISTAUX
QUARTZ

COUCHE
LAVE
MINÉRAUX
PLATEAU
STALACTITE
PIERRE
VOLCAN
ZONE
SEL
ACIDE

24 - Specerijen

```
A  R  A  W  O  U  V  Z  R  G  F  B  W  Z  F  H
D  M  O  L  G  Z  Q  P  Q  I  E  O  R  P  W  K
C  K  E  O  C  X  G  Z  Z  N  N  A  R  G  H  D
U  O  Y  R  C  U  M  I  N  G  O  I  X  E  N  K
Q  D  R  J  I  O  J  D  Z  E  U  L  O  T  A  S
H  H  R  I  I  D  P  Z  W  M  I  K  I  B  K  A
Y  U  U  M  A  A  W  D  B  B  L  Z  G  L  M  B
G  S  C  B  A  N  K  L  K  R  E  D  N  X  U  C
E  C  I  Q  R  U  D  H  K  E  L  F  O  R  I  G
L  Q  N  M  A  K  I  R  P  A  P  R  N  I  J  S
C  A  N  N  E  L  L  E  E  C  N  Z  N  W  Y  A
C  A  R  D  A  M  O  M  E  L  L  I  N  A  V  F
M  U  S  C  A  D  E  S  E  L  X  B  S  B  X  R
S  A  V  E  U  R  A  P  P  N  A  F  D  P  A  A
G  C  F  F  U  R  B  G  B  F  D  D  N  W  C  N
F  E  N  U  G  R  E  C  J  C  L  B  M  W  H  I
```

ANIS	GIROFLE
AMER	MUSCADE
FENUGREC	PAPRIKA
GINGEMBRE	SAFRAN
CANNELLE	SAVEUR
CARDAMOME	OIGNON
CURRY	VANILLE
AIL	FENOUIL
CUMIN	DOUX
CORIANDRE	SEL

25 - Groenten

```
P  I  E  S  P  E  R  S  I  L  N  T  W  A  B  B
W  A  T  U  A  H  C  I  T  R  A  I  H  W  T  O
X  B  O  T  Y  L  C  R  B  I  G  C  K  C  H  O
E  U  L  M  R  W  A  O  D  L  T  K  W  É  V  D
T  H  A  I  H  Y  Y  D  N  O  N  Q  S  L  T  C
T  H  H  W  K  C  X  R  E  C  N  G  A  E  O  H
R  Q  C  Z  T  E  V  A  N  O  O  Z  I  R  M  A
X  A  É  Q  J  T  E  N  I  R  N  M  L  I  A  M
N  Z  D  R  X  T  X  I  G  B  G  P  B  T  T  P
J  F  Y  I  X  O  J  P  R  S  I  T  H  R  E  I
G  M  X  U  S  R  P  É  E  U  O  B  Y  M  E  G
R  C  M  R  X  A  M  F  B  O  L  I  V  E  Y  N
X  V  T  Z  M  C  K  F  U  P  O  I  S  J  M  O
S  G  L  W  W  H  G  I  A  S  J  W  R  B  X  N
X  R  M  V  G  I  N  G  E  M  B  R  E  S  R  I
I  T  R  C  I  T  R  O  U  I  L  L  E  G  I  U
```

ARTICHAUT	CITROUILLE
AUBERGINE	NAVET
BROCOLI	RADIS
POIS	SALADE
GINGEMBRE	CÉLERI
AIL	ÉCHALOTE
CONCOMBRE	ÉPINARD
OLIVE	TOMATE
CHAMPIGNON	OIGNON
PERSIL	CAROTTE

26 - Archeologie

```
O T Z M L R F S T A T L U S É R
U D K Z B E T R E P X E K V M V
B S C X M L Q A A S P Y M F B X
L V C I S I A N J G L Q Q P N R
I P H N V Q S T J V M R J E L U
É H N E E U F I T U D E Q R W E
T R U T È E O Q X O E B N È M H
O Q V A P R G U U F S O S T E C
É Q U I P E E I H O C O X S S R
Q R G G B F B T B S E B K Y Y E
Y B Q K R I M É F S N J K M L H
G Y F U N N O C N I D E S G A C
O E B B E B T C H L A T R J N M
A H Q U L G Q R B E N S D G A W
É V A L U A T I O N T T B R D J
C I V I L I S A T I O N G Z F R
```

ANALYSE
CIVILISATION
RÉSULTATS
OS
EXPERT
ÉVALUATION
FOSSILE
FRAGMENTS
TOMBE
MYSTÈRE

DESCENDANT
OBJETS
INCONNU
CHERCHEUR
ANTIQUITÉ
RELIQUE
ÉQUIPE
TEMPLE
ÈRE
OUBLIÉ

27 - Dans

```
B  E  I  H  P  A  R  G  É  R  O  H  C  L  N  C
H  X  L  X  A  W  D  Y  H  B  R  M  E  L  C  L
H  F  E  B  R  J  O  Y  E  U  X  M  C  Q  U  A
S  A  U  T  T  O  C  K  F  L  S  Z  G  W  F  S
E  J  S  L  E  N  N  O  I  T  I  D  A  R  T  S
X  S  I  E  N  M  B  D  Z  A  W  H  Y  Q  I  I
P  M  V  R  A  A  O  P  O  S  T  U  R  E  L  Q
R  A  A  U  I  H  E  U  C  J  G  V  L  R  A  U
E  C  M  T  R  A  M  P  V  O  O  D  G  U  C  E
S  V  Q  L  E  C  Â  R  G  E  R  B  I  T  A  U
S  S  Y  U  R  T  X  F  Y  H  M  P  I  L  D  Q
I  F  E  C  W  J  N  C  A  T  H  E  S  U  É  I
F  L  M  N  Z  L  L  S  R  G  H  C  N  C  M  S
R  É  P  É  T  I  T  I  O  N  K  M  Q  T  I  U
T  É  M  O  T  I  O  N  B  V  W  A  E  E  E  M
D  M  W  H  S  P  Q  X  J  R  T  U  Z  L  O  W
```

ACADÉMIE	CLASSIQUE
MOUVEMENT	ART
JOYEUX	CORPS
CHORÉGRAPHIE	MUSIQUE
CULTUREL	PARTENAIRE
CULTURE	RÉPÉTITION
ÉMOTION	RYTHME
EXPRESSIF	SAUT
GRÂCE	TRADITIONNEL
POSTURE	VISUEL

28 - Ziekte

```
C U G A S T H É R A P I E S Z O
F Œ P X V A T S Y C T K W I K S
K Y U T N X N E E M O R D N Y S
O I Y R N I F T C H L R Z U C W
O L V R H N V M É C O E P S H J
O S E C A E Z B B K H I K S R C
H É R É D I T A I R E H L I O O
S Z H C I R L J T M F T Q M N N
Q S E N W É C G V H A A G M I T
K E U Q I T É N É G I P U U Q A
K G W Y P C K B Y R B O É N U G
N W C P H A O M S P L R R I E I
S B P Y I B I K A Q E U I T K E
R E S P I R A T O I R E S É Z U
A B D O M I N A L Q X N O O S X
Z A A A L L E R G I E S N Z G Z
```

RESPIRATOIRE
ALLERGIES
BACTÉRIEN
CONTAGIEUX
OS
ABDOMINAL
CHRONIQUE
HÉRÉDITAIRE
GÉNÉTIQUE
GUÉRISON

SANTÉ
CŒUR
IMMUNITÉ
CORPS
NEUROPATHIE
SINUS
SYNDROME
THÉRAPIE
FAIBLE

29 - Mythologie

```
X G W T Z E D N E G É L J M C Z
E R U T A É R C P A X V A O A O
C V R E R C T W Y H D T L R T O
N K I L R Y D E T K M G O T A E
A R L A I R U R É U N A U E S N
E N N B A F I R H S U C S L T P
G K O Y L M Q E C R O F I C R U
N L I R C K F N R I R T E U O H
E T T I É C V N A U E R W L P É
V G A N S Y V O S S D L K T H R
O S É T I L A T R O M M I U E O
N V R H R N J C V Y R R M R W Ï
J Z C E R T S N O M Y É A E O N
C O M P O R T E M E N T H Y S E
F B N L H Z G Z M V L Z U W V G
C Z L I K R F E K S R S J K U L
```

ARCHÉTYPE
ÉCLAIR
CRÉATION
CULTURE
TONNERRE
LABYRINTHE
COMPORTEMENT
HÉROS
HÉROÏNE
CIEL

JALOUSIE
FORCE
GUERRIER
LÉGENDE
MONSTRE
IMMORTALITÉ
CATASTROPHE
MORTEL
CRÉATURE
VENGEANCE

30 - Eten #1

```
S  D  P  R  B  E  N  R  M  J  Q  Y  G  A  P  V
U  O  R  G  E  H  N  L  O  E  K  K  S  B  X  Q
C  J  K  X  C  Q  O  I  G  N  O  N  A  R  A  D
R  F  B  J  S  K  H  E  F  I  L  H  L  I  R  K
E  C  A  R  O  T  T  E  É  R  D  E  A  C  A  T
P  H  G  C  W  X  M  B  G  P  A  T  D  O  C  B
U  V  C  I  M  Q  I  D  U  Q  I  I  E  T  H  A
O  G  G  T  B  J  U  S  J  E  D  N  S  M  I  S
S  T  N  R  I  T  T  S  L  G  J  N  A  E  D  I
R  B  D  O  T  A  J  Z  W  R  T  X  L  R  E  L
Z  B  L  N  C  N  L  E  S  E  X  O  F  I  D  I
C  A  N  N  E  L  L  E  P  G  Q  A  O  O  N  C
H  Q  T  Q  L  Q  U  M  Q  U  R  W  P  P  A  C
D  J  R  V  Y  L  P  O  C  A  G  Z  Y  M  I  Y
A  V  T  J  I  Z  A  D  I  Q  N  M  K  C  V  P
I  G  F  T  K  B  X  C  R  G  M  A  I  L  G  J
```

FRAISE	SALADE
ABRICOT	JUS
BASILIC	SOUPE
CITRON	ÉPINARD
ORGE	SUCRE
CANNELLE	THON
AIL	OIGNON
LAIT	VIANDE
POIRE	CAROTTE
ARACHIDE	SEL

31 - Avontuur

```
I  Y  N  A  V  S  P  T  D  R  I  Q  Y  X  N  E
N  O  R  O  P  M  A  P  O  J  T  V  W  K  A  N
H  D  P  Z  D  Q  M  Q  G  J  J  Q  X  M  T  T
A  É  L  N  Z  Y  M  V  O  Y  A  G  E  S  U  H
B  F  B  N  O  I  T  A  G  I  V  A  N  É  R  O
I  I  E  R  G  I  R  B  E  A  U  T  É  T  E  U
T  S  I  X  A  É  T  L  U  C  I  F  F  I  D  S
U  I  O  F  C  V  P  A  A  K  Y  K  C  R  N  I
E  M  J  A  R  U  O  Q  N  C  T  C  H  U  O  A
L  A  E  N  X  Y  R  U  A  I  S  W  A  C  U  S
I  G  W  C  F  V  I  S  R  G  T  R  N  É  V  M
A  C  T  I  V  I  T  É  I  E  B  S  C  S  E  E
D  A  N  G  E  R  E  U  X  O  R  D  E  N  A  A
S  U  R  P  R  E  N  A  N  T  N  C  J  D  U  K
P  R  É  P  A  R  A  T  I  O  N  K  B  O  E  Q
V  W  V  V  X  P  Y  R  M  Z  P  M  X  K  F  L
```

ACTIVITÉ
DESTINATION
ENTHOUSIASME
EXCURSION
DANGEREUX
CHANCE
BRAVOURE
DIFFICULTÉ
NATURE
NAVIGATION

NOUVEAU
INHABITUEL
VOYAGES
BEAUTÉ
DÉFIS
SÉCURITÉ
SURPRENANT
PRÉPARATION
JOIE
AMIS

32 - Restaurant #2

```
O W G G T J P T S J K T O T S C
I G M Â I W Y M A I W Q E J H U
I F X O T C W K L E S Y U A E I
F B F P J E V N A D M M F B U L
N R N E W D A M D K W V H V M L
O E U R I E X U E I C I L É D È
U N Q I D É J E U N E R R Y R R
I Î I X T F O U R C H E T T E E
L D K U N O S S I O P L I L C R
L U D K I O A J U O R K C R A W
E É P I C E S E M U G É L D L C
S R U E V R E S P J V G H L G E
P M U V L G K I I H Z U L V P T
R N K Y C O T A X O S O U P E Y
F R V S Y I Z H M N B D X I Y E
P S C J E X L C D M B Z M O A H
```

GÂTEAU

DÎNER

BOISSON

OEUF

FRUIT

LÉGUMES

DÉLICIEUX

GLACE

CUILLÈRE

DÉJEUNER

NOUILLES

SERVEUR

SALADE

SOUPE

ÉPICES

CHAISE

POISSON

FOURCHETTE

EAU

SEL

33 - De Media

```
F N R T É L É V I S I O N P É F
T A S A F N A T I E Z B P A D I
S Y I E D O T T U N Q Y U E U N
E K H T O I C N T G V F B L C A
N S J M S T O X D I T K L A A N
I N D I V I D U E L T Y I I T C
Z O I U J D O A C N R U C C I E
A I Y Q X É Z N V E Y A D R O M
G N A G A E I R C Q Q E P E N E
A I I O X W O U X W B S H M S N
M P V J D I J O X N D É D M U T
X O X T I F H J V B T R L O L X
I N T E L L E C T U E L A C O L
L M S A H I N U M É R I Q U E B
C O M M U N I C A T I O N O P Y
I N D U S T R I E F H X H I U W
```

COMMERCIAL
COMMUNICATION
NUMÉRIQUE
ÉDITION
FAITS
FINANCEMENT
ATTITUDES
INDIVIDUEL
INDUSTRIE
INTELLECTUEL

JOURNAUX
LOCAL
OPINION
RÉSEAU
ÉDUCATION
EN LIGNE
PUBLIC
RADIO
TÉLÉVISION
MAGAZINES

34 - Bijen

```
K P N R O E K S O L E I L B Y T
S R U E L F K J Q Q É O I N W M
K O U J Q H J H M V M I A S S E
Q X R C V T R D A B U C J O Z T
M O U H H Q O D I B F T S L Z U
F L E U R E S I M N I D J Y C É
K P T I U R F Y M J V T W E I C
Z H A D K O I J D W E L A É R O
H F S R X T N E L L O P B T E S
M M I N Z Q S E L I A I P I X Y
A T N P J G E P R J X O L S R S
T M I N Z Y C I N I A C T R E T
W Y L F Q E T M I E L R D E I È
W I L U A V E H C C K U D V N M
B A O N O U R R I T U R E I E E
L H P S B É N É F I Q U E D N S
```

POLLINISATEUR
RUCHE
FLEURS
FLEUR
DIVERSITÉ
ÉCOSYSTÈME
FRUIT
HABITAT
MIEL
INSECTE

REINE
FUMÉE
POLLEN
JARDIN
AILES
NOURRITURE
BÉNÉFIQUE
CIRE
SOLEIL
ESSAIM

35 - Wandelen

```
C  L  P  T  S  R  S  Z  W  X  X  E  A  U  P  S
A  O  I  Q  O  C  F  D  Y  D  M  S  O  Z  A  O
M  U  E  F  A  T  I  G  U  É  O  I  Q  G  R  M
P  R  R  C  G  W  S  R  E  G  N  A  D  K  C  M
I  D  R  B  L  V  K  D  R  Y  T  L  R  Y  S  E
N  M  E  V  S  I  A  H  T  S  A  A  P  R  W  T
G  F  S  V  D  G  M  A  D  Q  G  F  Z  U  B  V
A  N  I  M  A  U  X  A  B  Y  N  D  B  I  U  B
S  A  U  V  A  G  E  N  T  O  E  Y  T  Q  N  V
A  N  F  M  J  N  O  I  T  A  T  N  E  I  R  O
M  O  U  S  T  I  Q  U  E  S  R  T  B  V  U  L
N  A  T  U  R  E  U  G  Y  M  A  D  E  M  K  J
S  O  L  E  I  L  F  B  R  Z  C  V  J  S  D  I
P  R  É  P  A  R  A  T  I  O  N  Y  Q  B  J  D
U  R  I  A  D  R  T  C  C  F  L  S  R  A  R  S
G  B  G  C  C  V  F  P  X  P  Z  R  L  U  T  E
```

MONTAGNE	NATURE
ANIMAUX	ORIENTATION
DANGERS	PARCS
CARTE	PIERRES
CAMPING	SOMMET
FALAISE	PRÉPARATION
CLIMAT	EAU
BOTTES	SAUVAGE
FATIGUÉ	SOLEIL
MOUSTIQUES	LOURD

36 - Ecologie

```
Y  C  U  R  S  E  T  N  A  L  P  J  P  M  B  N
T  H  L  Y  X  U  F  G  W  Q  F  V  E  J  O  A
W  A  A  I  Q  K  R  F  Y  X  A  J  I  B  H  T
K  B  B  E  M  L  S  V  N  A  T  U  R  E  L  U
L  I  O  S  F  A  É  T  I  S  R  E  V  I  D  R
D  T  L  P  L  S  T  V  Z  E  J  R  J  Q  G  E
U  A  G  È  O  E  U  V  A  R  I  É  T  É  H  R
R  T  K  C  R  N  A  B  É  N  É  V  O  L  E  S
A  S  J  E  E  G  N  M  A  R  A  I  S  Z  U  W
B  X  X  A  J  A  U  N  L  P  V  R  C  C  M  Y
L  W  O  B  R  T  M  V  S  M  W  B  L  G  F  V
E  M  A  R  I  N  M  T  Y  A  M  C  M  C  D  J
G  D  H  H  A  O  O  Q  X  G  Y  X  L  F  H  Z
T  C  T  J  S  M  C  A  L  O  L  Q  I  O  D  V
F  A  U  N  E  P  S  É  C  H  E  R  E  S  S  E
V  É  G  É  T  A  T  I  O  N  W  J  E  B  E  V
```

MONTAGNES	MARIN
DIVERSITÉ	MARAIS
SÉCHERESSE	NATURE
DURABLE	NATUREL
FAUNE	SURVIE
FLORE	PLANTES
COMMUNAUTÉS	ESPÈCE
GLOBAL	VARIÉTÉ
HABITAT	VÉGÉTATION
CLIMAT	BÉNÉVOLES

37 - Biologie

```
E N O M R O H N X Z D Y E V M C
S M H Q F E E P A R X Q L T U O
È S B F V M X D V T W Z U Z T L
H Y N R E O F C A F U C L U A L
T N E E Y S Z D J Z P R L U T A
N A U N Q O A M S Y C Y E S I G
Y P R D D M N W B L U W C L O È
S S O W P O E I M O T A N A N N
O E N T R R M M R E P T I L E E
T S E D B H B M Y Y G M R Y N G
O O Y B Z C R E V Z Z K P F I R
H M É V O L U T I O N J G O É C
P S N O I T A R I P S E R Y T V
K O S Y M B I O S E Y Z B V O Y
M A M M I F È R E A B F Y A R V
C J U V R Y Y C E X M R B J P T
```

RESPIRATION	HORMONE
ANATOMIE	MUTATION
CELLULE	NATUREL
CHROMOSOME	NEURONE
COLLAGÈNE	OSMOSE
PROTÉINE	REPTILE
EMBRYON	SYMBIOSE
ENZYME	SYNAPSE
ÉVOLUTION	NERF
PHOTOSYNTHÈSE	MAMMIFÈRE

38 - Landen #1

```
P W L M C Y E W W B U I R N U I
O Y E Y B I L B T V S T O I S R
L D N O R V È G E W V A U C C A
O Z G A H I B H T F Y L M A H K
G V A M A R O C Z O L I A R I F
N Y M Z H S C X V E A E N A L B
E I E K H B E I P T G U I G I R
M G L Y L U N W B N É Y E U E O
O O L Ë I B G D Y R N D P A R P
T E A D A N A C D W É R T T M A
S F N W A R P Z C W S S W F E N
Q E C K A W S B W O L L I W A A
D Q V B S Q E I B R V L L L O M
R L G E I Q O B E L G I Q U E A
L E T T O N I E C A M B O D G E
C E F P M G T L N A W Q I S H Q
```

BELGIQUE	LETTONIE
BRÉSIL	LIBYE
CAMBODGE	MAROC
CANADA	NICARAGUA
CHILI	NORVÈGE
ALLEMAGNE	PANAMA
EGYPTE	POLOGNE
IRAK	ROUMANIE
ISRAËL	SÉNÉGAL
ITALIE	ESPAGNE

39 - Installaties

```
A E O P A G W W G V X Y A X Z D
M R J A R D I N M O I K C T A X
C O B P X B E L N D A V Y M S N
A L U R O L S M B U U V Y L A B
C F I S E U Q I N A T O B I C U
T F O O S M E G A L L I U E F I
U L O T N E I I L R Q G W R P S
S E B R E H A X G G G A D R V S
V U O B M A B I F W J N O E V O
D R I D N A R G O J T L E N V N
F E U I L L E N R N P E Q I T T
R G F U J B K W Ê O U A M C C F
D V P W T K A O T O C I R A H L
V É G É T A T I O N P L F R Z S
A V C P L K Z O J G X U S O L Y
G H I G Y B A E G Y C W T C X Q
```

BAMBOU

BAIE

FEUILLE

FLEUR

ARBRE

HARICOT

FORÊT

CACTUS

FLORE

FEUILLAGE

HERBE

GRANDIR

LIERRE

ENGRAIS

MOUSSE

BOTANIQUE

BUISSON

JARDIN

VÉGÉTATION

RACINE

40 - Agronomie

```
P  R  O  D  U  C  T  I  O  N  O  N  P  G  É  S
N  D  U  R  A  B  L  E  U  K  N  V  W  R  R  Y
O  E  É  N  E  R  G  I  E  P  L  C  A  A  O  S
I  R  V  S  S  M  U  B  D  Q  D  P  G  I  S  T
T  U  G  H  E  I  G  O  L  O  C  É  R  N  I  È
U  T  M  A  C  P  T  I  A  W  N  S  I  E  O  M
L  I  A  R  N  A  U  V  R  O  S  C  C  S  N  E
L  R  L  Y  A  I  L  A  U  E  S  I  U  M  J  S
O  R  A  I  S  E  Q  É  R  Z  E  E  L  F  X  Y
P  U  D  A  S  M  N  U  G  Y  A  N  T  X  B  Y
N  O  I  E  I  S  G  G  E  U  U  C  U  K  L  R
E  N  E  G  O  V  A  K  R  Z  M  E  R  H  Q  B
I  K  S  T  R  C  P  N  A  A  H  E  E  H  F  S
D  T  G  O  C  B  Q  I  T  B  I  U  S  G  V  J
S  W  R  E  C  H  E  R  C  H  E  S  Q  T  I  P
E  N  V  I  R  O  N  N  E  M  E  N  T  U  H  Z
```

DURABLE
ÉCOLOGIE
ÉNERGIE
ÉROSION
CROISSANCE
LÉGUMES
AGRICULTURE
RURAL
ENGRAIS
ENVIRONNEMENT

RECHERCHE
ORGANIQUE
PRODUCTION
SYSTÈMES
POLLUTION
NOURRITURE
EAU
SCIENCE
GRAINES
MALADIES

41 - Oceaan

```
M A M A R É E S O H S E L C F A
B C Z W B D C B X U F T C I P N
Y Y S O G W V I C Î H U H A X G
C W V K Z F A E B T I B I J N U
Z R P O I S S O N R L T F I A I
S I A F C Q V T O E P L U O P L
L Z A B I B L D H H A L G U E L
B R L S E K L R T I T H M D T E
J B R E Q U I N É Q Z L É A T T
M E N I E L A B U C W Z D U E Ê
T O R T U E R J A D I H U P V P
É P O N G E O E C T C F S H E M
M X P G L O C W W F E W E I R E
Y F S Y M H U A V O R A W N C T
M Y Y B R T X J W K Z Y U Y F Y
P Q G J I B W M D M O V Z Q D Y
```

ANGUILLE	POULPE
ALGUE	HUÎTRE
BATEAU	RÉCIF
DAUPHIN	TORTUE
CREVETTE	ÉPONGE
MARÉES	TEMPÊTE
REQUIN	THON
CORAIL	POISSON
CRABE	BALEINE
MÉDUSE	SEL

42 - Landen #2

```
L G X M I Z A U X O X M U H O J
J A E D G N M K C M U A F K I P
X V O N G M H R S R R G P C D D
M M S S G R I A R Q R M A D M L
A I R E G I N I U U W Q Y N G D
L B W I L M A N O P A J N A D Q
A Y S S W F B E U Q I X E M G A
I G F S M Z I S Y R I E K Q A S
S Z Y U W G L L I B É R I A L O
I S M R W H R D A N E M A R K M
E D N A L R I S J Q C C S B K A
I N D O N É S I E Y È O N D E L
E T H I O P I E A T R H I A Y I
R O K Y Z A V Z U R G R J O R E
H D U N É P A L P T U N G O M F
X C Q K C P W J B F H S I B O U
```

DANEMARK
ETHIOPIE
FRANCE
GRÈCE
IRLANDE
INDONÉSIE
JAPON
KENYA
LAOS
LIBAN

LIBÉRIA
MALAISIE
MEXIQUE
NÉPAL
NIGERIA
OUGANDA
UKRAINE
RUSSIE
SOMALIE
SYRIE

43 - Bloemen

```
T  I  L  N  E  S  S  I  P  U  O  N  Y  Z  R  G
R  D  P  G  D  A  J  O  N  Q  U  I  L  L  E  A
È  O  R  B  A  I  L  O  N  G  A  M  O  B  R  Y
F  R  K  N  N  R  B  J  W  P  K  S  S  B  O  T
L  C  F  D  N  E  D  O  O  K  U  A  E  D  L  T
E  H  T  L  Z  M  C  É  U  H  D  J  N  G  F  I
U  I  H  A  Q  U  B  L  N  Q  U  B  R  L  I  M
V  D  T  V  C  L  R  H  S  I  U  X  U  R  S  A
U  É  D  A  Y  P  H  R  C  V  A  E  O  M  S  R
R  E  S  N  H  A  I  F  U  C  Q  O  T  J  A  G
Z  O  K  D  Y  C  B  J  S  H  K  J  O  E  P  U
B  Y  S  E  C  F  I  Z  Z  H  Y  K  V  R  Y  E
P  Z  Y  E  K  T  S  N  K  E  A  S  A  I  P  R
B  P  L  O  E  V  C  S  K  P  Z  V  P  K  Q  I
P  É  T  A  L  E  U  S  P  I  V  O  I  N  E  T
T  U  L  I  P  E  S  J  O  W  O  Y  R  L  X  E
```

PÉTALE	JONQUILLE
BOUQUET	ORCHIDÉE
GARDÉNIA	PISSENLIT
HIBISCUS	PAVOT
JASMIN	PASSIFLORE
TRÈFLE	PIVOINE
LAVANDE	PLUMERIA
LYS	ROSE
MARGUERITE	TULIPE
MAGNOLIA	TOURNESOL

44 - Landschappen

```
L K T R K T Q C A J P F G X Q H
A R D N U O T Z O T L M A E K W
C G L A C I E R E D A C S A C L
G V T K S E N E G V G V P V T Y
P E F F M S I M K R E V U E L F
W Z Y F C V L A X P O Y L L H E
G L N S K Y L G B Y G T Q N O T
C R C C E A O O A S I S T I C I
Î L E E H R C C N E V I I E É A
T Z É B D V R R U O Q T B N A Q
B K L V E L U S N I N É P G N F
O L L P W C D É S E R T C A A U
V L A D R G I M H R I T D T C N
Q Q V Q X M I K B E H A T N L I
E F F C O G I F K X E D A O O V
M A R A I S S L U O Q C P M V M
```

MONTAGNE	OCÉAN
ÎLE	FLEUVE
GEYSER	PÉNINSULE
GLACIER	PLAGE
GROTTE	TOUNDRA
COLLINE	VALLÉE
ICEBERG	VOLCAN
LAC	CASCADE
MARAIS	DÉSERT
OASIS	MER

45 - Tuin

```
F U U P K G R V P T L V G P F M
G L I D F P K T X E N G I V H H
V L E R U T Ô L C R E G R E V A
R H S U A E T Â R R K S P I T M
D B A Q R N Q G N A T É Y O T A
W P U A Y U T O P S E H C O R C
L S X I G F J V O S P I V I M E
R B R N S E B B R E E R Q X E O
X D N F Z S X I C B L A T Z G R
R N B X D U O L H A L R D R I D
P E L O U S E N E N E B R E H Y
X Y S F O Y X C I C Y R W L I O
O J T W A S K K R D W E W C G V
T R A M P O L I N E R C P H T Q
F Y O Q G D R K V V C A O C W K
G A R A G E N I O D R Q J S V K
```

BANC	ROCHES
FLEUR	PELLE
ARBRE	TUYAU
VERGER	BUISSON
GARAGE	TERRASSE
PELOUSE	TRAMPOLINE
HERBE	JARDIN
HAMAC	PORCHE
RÂTEAU	ÉTANG
CLÔTURE	VIGNE

46 - Beroepen #2

```
D G N P F E H P A R G O T O H P
W É E A H X H G Z U J J E P K P
I R T T I R N I C E D É M R C T
A U S E S Q U C T I P I L O T E
D E I G C I N V E N T E U R C E
D H T A R T U U W É Y D P U J N
V C N S Z Y I G O G I Q E E A S
N R E X X X F V N N V Z I T R E
G E D O Y V L M E I Q I N A D I
P H I L O S O P H E L F T R I G
M C A S T R O N A U T E R T N N
J O U R N A L I S T E H E S I A
A G R I C U L T E U R O K U E N
C H I R U R G I E N C J N L R T
Z O O L O G I S T E X P M L Y H
Q B I O R E T S I G O L O I B O
```

MÉDECIN	JOURNALISTE
ASTRONAUTE	ENSEIGNANT
BIOLOGISTE	LINGUISTE
AGRICULTEUR	CHERCHEUR
CHIRURGIEN	PILOTE
DÉTECTIVE	PEINTRE
PHILOSOPHE	DENTISTE
PHOTOGRAPHE	JARDINIER
ILLUSTRATEUR	INVENTEUR
INGÉNIEUR	ZOOLOGISTE

47 - Dagen en Maanden

```
D  B  G  H  E  M  M  E  R  C  R  E  D  I  J  V
I  C  K  S  Q  O  V  E  N  D  R  E  D  I  A  E
O  D  G  K  U  I  L  U  C  M  V  M  J  Q  N  U
N  S  P  P  K  S  Q  J  F  A  I  O  Z  C  V  A
O  R  A  H  P  H  W  U  Q  R  T  F  D  Q  I  M
V  A  C  M  V  R  Z  I  G  D  B  É  V  H  E  B
E  M  G  A  E  É  N  N  A  I  A  V  Z  J  R  C
M  X  H  Z  L  D  F  Y  F  E  O  R  N  O  F  L
B  Y  J  Q  U  E  I  L  R  L  Û  I  Z  Z  D  G
R  B  V  H  N  N  N  Z  U  T  T  E  J  V  R  R
E  V  A  P  U  I  T  D  U  N  I  R  U  U  C  A
X  L  S  K  G  A  J  R  R  Z  D  T  I  G  J  H
E  H  C  N  A  M  I  D  D  I  U  I  L  W  Z  P
E  S  I  I  Z  E  P  Y  P  R  E  L  L  L  E  Y
G  W  T  I  Z  S  X  E  E  H  J  R  E  U  O  P
S  E  P  T  E  M  B  R  E  R  B  O  T  C  O  W
```

AOÛT	LUNDI
MARDI	MARS
JEUDI	NOVEMBRE
FÉVRIER	OCTOBRE
ANNÉE	SEPTEMBRE
JANVIER	VENDREDI
JUILLET	SEMAINE
JUIN	MERCREDI
CALENDRIER	SAMEDI
MOIS	DIMANCHE

48 - Mode

```
O B R O D E R I E U Q I T A R P
R L D B E L B A T R O F N O C Q
I M A O D L E T X G C E O S D M
G B W U G E S T N E M E T Ê V O
I N S T M T V Y B T Z T J C W D
N B F I U N K A D S U S S I T E
A B U Q B E C N L I P E N N E R
L S F U E D U F E L È D O M N N
T T T E J X S W L A V O T M D E
M E N Y F Z Y F B M P M U L A M
L X A O L J F U A I S L O I N Q
W T G F A E C H D N Q G B P C S
B U É K P M U U R I K Q X Z E C
W R L L G T Y C O M S I M P L E
M E É B M A X Y B M P S C K S F
C H E R Q S S X A K Z W U T Y K
```

MODESTE
ABORDABLE
BRODERIE
CONFORTABLE
CHER
SIMPLE
ÉLÉGANT
DENTELLE
VÊTEMENTS
BOUTONS

MINIMALISTE
MODERNE
ORIGINAL
MODÈLE
PRATIQUE
STYLE
TISSU
TEXTURE
TENDANCE
BOUTIQUE

49 - Tuinieren

```
R  F  B  U  C  V  Y  B  D  L  U  Z  X  N  S  F
S  É  L  C  S  Y  I  W  X  X  P  K  P  S  A  E
A  T  C  O  N  K  T  L  M  G  H  B  V  S  A  U
I  I  S  I  R  E  G  R  E  V  O  P  H  L  J  I
S  D  E  U  P  A  E  Q  J  Z  O  C  V  F  P  L
O  I  N  P  Z  I  L  U  O  H  T  Z  K  T  D  L
N  M  I  V  A  S  E  S  A  L  E  T  É  S  H  A
N  U  A  Y  U  T  V  N  B  O  U  Q  U  E  T  G
I  H  R  U  Q  T  R  H  T  S  O  P  M  O  C  E
E  G  G  C  O  E  U  Q  I  T  O  X  E  U  D  R
R  E  S  P  È  C  E  L  B  I  T  S  E  M  O  C
J  N  O  M  C  F  L  N  W  O  U  A  S  E  P  F
I  S  B  X  G  U  F  C  U  A  N  Q  M  X  T  S
C  O  B  O  T  A  N  I  Q  U  E  A  Q  I  E  U
A  L  K  J  F  E  U  I  L  L  E  P  E  S  L  H
M  G  V  E  C  Z  B  X  L  V  N  M  D  X  N  C
```

FEUILLE
FLORAL
FLEUR
SOL
BOUQUET
VERGER
BOTANIQUE
COMPOST
RÉCIPIENT
COMESTIBLE

EXOTIQUE
FEUILLAGE
CLIMAT
SAISONNIER
TUYAU
ESPÈCE
HUMIDITÉ
SALETÉ
EAU
GRAINES

50 - Menselijk Lichaam

```
Z Z Y I X I D N J O H E D C U H
R M L E A W Z Z H A U M Q J L O
O R E I L L E B A N M H I T F G
K I D T Ê T E K J W C B L R D Q
J G U A E P U E L L I V E H C X
J O O S W W B L W S R T A N E O
V G C M N E Z S Y Z B T N S W H
L H F W I U W H T J E G X X C T
G S V Q A G N A S L V I W N R W
T E T I M N E W G E N O U M M M
W H S W T A H G I U S D R M É H
Z C W T G L M Â C H O I R E P C
W U V T O G N X T C Y C A B A Œ
N O T N E M E F M H U V S B U U
U B W M C A A C E R V E A U L R
Q J S N E Z C C J R E S U Q E J
```

JAMBE	MENTON
SANG	GENOU
COUDE	ESTOMAC
CHEVILLE	BOUCHE
MAIN	COU
CŒUR	NEZ
CERVEAU	OREILLE
TÊTE	ÉPAULE
PEAU	LANGUE
MÂCHOIRE	DOIGT

51 - Energie

```
C N M N C G S H E U N P N V G W
I U T N A R U B R A C N S E H T
H C R U R D I E S E L N D N I U
B L J Q B U D P H O T O N T E R
Z É M Q O V E N È G O R D Y H B
E A U M N F A L K R O T B G S I
F I R Q E Q B P A I X C X N F N
F R E M K E A I E H X E R K Q E
D E I P O R T N E U C L N K K S
D C R T F B T C H P R É C G O H
A N T N E M E N N O R I V N E J
T E S T X V R M O T E U R T H B
H S U K N O I T U L L O P Q M E
E S D L G C E U Q I R T C E L É
K E N R E N O U V E L A B L E R
Q L I H C J K E S Y T N Y E P I
```

BATTERIE
ESSENCE
CARBURANT
DIESEL
ÉLECTRIQUE
ÉLECTRON
ENTROPIE
PHOTON
RENOUVELABLE
INDUSTRIE

CARBONE
MOTEUR
NUCLÉAIRE
ENVIRONNEMENT
VAPEUR
TURBINE
POLLUTION
CHALEUR
HYDROGÈNE
VENT

52 - Familie

```
N  P  D  Y  A  B  Q  T  D  H  T  X  I  H  N  X
G  C  M  W  Y  F  D  T  F  T  W  C  Z  K  A  Z
R  A  N  C  Ê  T  R  E  X  N  U  B  Y  T  Y  M
A  W  C  A  H  E  D  T  J  A  D  E  R  È  R  F
N  D  H  I  S  Y  C  D  P  F  U  N  V  W  Q  E
D  Z  Y  F  S  I  M  E  C  N  A  F  N  E  T  F
M  S  O  N  L  Z  Y  R  X  E  A  A  X  L  N  T
È  M  O  X  I  E  T  N  A  T  P  N  O  C  S  X
R  F  O  B  F  R  D  F  N  I  R  T  T  N  W  C
E  R  L  T  T  È  A  E  P  T  F  S  U  O  V  V
R  K  N  O  I  P  U  M  S  E  C  I  K  C  C  S
È  S  E  Q  T  D  V  M  H  P  U  P  L  S  K  O
P  K  O  L  E  N  R  E  T  A  P  R  X  L  M  E
P  J  Q  Y  P  A  V  F  E  N  F  A  N  T  E  U
N  I  È  C  E  R  È  M  J  C  J  J  G  A  I  R
M  I  J  X  Q  G  H  M  P  S  H  L  P  V  C  F
```

FRÈRE   NEVEU
FILLE   NIÈCE
GRAND-MÈRE   ONCLE
ENFANCE   GRAND-PÈRE
ENFANT   TANTE
ENFANTS   PÈRE
PETIT-ENFANT   PATERNEL
PETIT-FILS   ANCÊTRE
MARI   FEMME
MÈRE   SOEUR

53 - Gebouwen

```
W M P V T H É Â T R E I L L P É
H Ô P I T A L I H S E G Y N O H
C R U L V T O U R A F N J Z B C
P J E N I S U T F I F T T G S R
C I N É M A Y N B E N B O M E A
G E I B E F S E A G D P D N R M
P R B O M W M M É I Q Y M F V R
G I A É C O L E T E N T E E A E
J O C N P L E T I D É L X R T P
A T C D G H T R S A H S T M O U
G A Z H D E Ô A R S Y E U E I S
D R W E Â J H P E S S U B M R T
O O P C I T H P V A J L Z K E A
D B N X Y N E A I B Z V F W Z D
Z A U V W G L A N M J G F C N E
C L T F P V U B U A E T A K F U
```

AMBASSADE
APPARTEMENT
CINÉMA
FERME
CABINE
USINE
HÔTEL
CHÂTEAU
LABORATOIRE
MUSÉE

OBSERVATOIRE
ÉCOLE
GRANGE
STADE
SUPERMARCHÉ
TENTE
THÉÂTRE
TOUR
UNIVERSITÉ
HÔPITAL

54 - Kunst

```
O H O R I G I N A L P S H X S S
N K U C R É E R R W E U O A U P
H P P M Q H X Y G I R J N T R G
C H Z W E L P M I S S E N X R K
K É Y K L U E V F Z O T Ê X É E
V D R P O D R T B O N X T K A M
O E T A B T L S E L N U E Q L P
S Q I M M U C A R I E R U G I F
E C N J Y I O W D N L O P E S F
R S U Q S Q Q I N S P I R É M O
U M S L M X K U I R I G A A E R
T W R Q P V T C E X E L P M O C
N H X T Z T E X P R E S S I O N
I M F E P X U T É J Q N W V Z F
E V I S U E L R D R N G A K B U
P P P J R W P I E I S É O P B R
```

SCULPTURE
COMPLEXE
CRÉER
SIMPLE
HONNÊTE
FIGURE
INSPIRÉ
HUMEUR
CÉRAMIQUE
SUJET

ORIGINAL
PERSONNEL
POÉSIE
DÉPEINDRE
PEINTURES
SURRÉALISME
SYMBOLE
EXPRESSION
VISUEL

55 - Beroepen #1

```
X R R P H T P J W P L D H D C O
T I B E U G O L O H C Y S P O Z
D A N S E U R K É A G W N Q F V
N K C U I U U H D R É G W V I K
M A C O V G E Q I M O B T É C X
É O U N V G S B T A L F U T P M
D V Q W Q A S Q E C O I T É I U
E O E B U H A X U I G B N R A S
C O M H M U H R R E U O Z I N I
I D O V R T C D E N E L V N I C
N D N I N F I R M I È R E A S I
P L O M B I E R G A U F J I T E
K A R A T H L È T E E Q H R E N
A T T B I J O U T I E R N E M Y
Z E S R U E D A S S A B M A X R
K F A C A R T O G R A P H E B R
```

AVOCAT	ÉDITEUR
AMBASSADEUR	GÉOLOGUE
PHARMACIEN	CHASSEUR
ASTRONOME	BIJOUTIER
ATHLÈTE	PLOMBIER
BANQUIER	MUSICIEN
CARTOGRAPHE	PIANISTE
DANSEUR	PSYCHOLOGUE
VÉTÉRINAIRE	INFIRMIÈRE
MÉDECIN	

56 - Antarctica

```
Z  P  F  C  B  B  N  M  P  G  S  E  L  Î  E  X
N  U  A  G  E  A  O  G  I  É  C  C  P  M  X  C
Q  S  I  L  K  I  I  Y  N  O  I  A  Y  N  P  L
T  Y  K  V  Y  O  T  E  G  G  E  L  Y  L  É  K
N  U  F  N  F  J  A  M  O  R  N  G  M  Q  D  X
E  N  T  J  J  O  V  K  U  A  T  Y  D  C  I  E
M  O  N  H  S  V  R  R  I  P  I  B  O  R  T  I
E  I  E  E  K  T  E  A  N  H  F  R  B  U  I  H
N  T  N  L  L  A  S  G  S  I  I  B  T  E  O  P
N  A  I  É  H  H  N  R  G  E  Q  B  N  H  N  A
O  R  T  G  R  U  O  X  E  X  U  E  H  C  O  R
R  G  N  D  C  A  C  I  X  I  E  Z  A  R  J  G
I  I  O  C  B  U  U  K  S  S  C  U  D  E  V  O
V  M  C  I  M  J  V  X  L  P  O  A  G  H  A  P
N  T  E  M  P  É  R  A  T  U  R  E  L  C  W  O
E  L  U  S  N  I  N  É  P  I  O  W  N  G  G  T
```

BAIE
CONSERVATION
CONTINENT
ÎLES
EXPÉDITION
GÉOGRAPHIE
GLACIERS
GLACE
MIGRATION
MINÉRAUX

ENVIRONNEMENT
CHERCHEUR
PINGOUINS
ROCHEUX
PÉNINSULE
TEMPÉRATURE
TOPOGRAPHIE
EAU
SCIENTIFIQUE
NUAGE

57 - Ballet

```
C  S  N  O  I  T  I  T  É  P  É  R  O  T  W  O
R  H  F  H  C  I  E  C  D  A  N  S  E  U  R  S
Y  F  O  I  G  O  L  C  Y  V  Y  Z  D  U  S  E
T  D  L  R  A  M  Y  S  H  T  O  C  P  E  C  L
H  L  O  H  É  É  T  I  S  N  E  T  N  I  O  C
M  D  S  F  F  G  S  X  Q  X  I  Z  L  E  M  S
E  F  I  S  S  E  R  P  X  E  N  Q  A  D  P  U
W  P  Z  G  Y  U  N  A  B  X  T  C  U  P  O  M
G  R  A  C  I  E  U  X  P  R  H  J  U  E  S  D
P  R  A  T  I  Q  U  E  P  H  J  U  Y  A  I  X
P  O  R  C  H  E  S  T  R  E  I  Y  E  L  T  P
U  L  W  M  U  S  I  Q  U  E  E  E  T  S  E  G
B  X  J  D  B  A  L  L  E  R  I  N  E  E  U  M
L  A  R  T  I  S  T  I  Q  U  E  H  S  X  R  L
I  H  C  O  M  P  É  T  E  N  C  E  H  C  S  V
C  N  C  V  I  U  B  J  F  Z  I  U  W  R  O  S
```

ARTISTIQUE
BALLERINE
CHORÉGRAPHIE
COMPOSITEUR
DANSEURS
EXPRESSIF
GESTE
INTENSITÉ
MUSIQUE
ORCHESTRE

PRATIQUE
PUBLIC
RÉPÉTITION
RYTHME
GRACIEUX
SOLO
MUSCLES
STYLE
TECHNIQUE
COMPÉTENCE

58 - Fruit

```
Z P E U J Y M I Z W W A E V Y I
Y S Z O C O C E D X I O N J N U
L G F U H O A U L T U G U M W Z
P R Q P P C A G D O U L R A E F
O A T S A N A N A A N W P S G A
J A P E P F X A A B R I C O T V
O P U Z A E O M E X A M E B Z O
K C H H Y G J Q W A G V R F G C
I R I O E N I R A T C E N R C A
W F A T T A Y L Y E Q A H A E T
I B R I R R B V Y Q T J Y M R F
N D B R S O C P Ê C H E P B I W
F R B M D I N P O M M E E O S V
V X A R D T N W N J G E L I E F
D G I C A O P O I R E F Z S N T
R L E N A N A B G I G F Q E P U
```

ABRICOT
ANANAS
POMME
AVOCAT
BANANE
BAIE
CITRON
RAISIN
FRAMBOISE
CERISE

KIWI
NOIX DE COCO
MANGUE
MELON
NECTARINE
ORANGE
PAPAYE
POIRE
PÊCHE
PRUNE

59 - Engineering

```
D I E S E L M B D B Q Q Q C R Z
N B C A O T E D I U Q I L O O I
O G R M X L S K G G M V C N T D
I W O K L E U J K I U U A S A I
S É F L B J R U E T O M L T T A
L T P E N F E I W F T D C R I G
U I R Y G Z W H S E Y I U U O R
P L U U M A C H I N E A L C N A
O I E Y C A L K G C I M P T W M
R B D F A T H H O R P È A I K M
P A N A D Y U R H C K T Y O L E
J T O U N A V R N K O R E N Z U
A S F D R G E I E A U E K W A M
F P O K Z E L É N E R G I E N V
U B R F Z T N E M E V U O M M S
P L P F R I C T I O N P M I G G
```

AXE   FORCE
CALCUL   MACHINE
MOUVEMENT   MESURE
CONSTRUCTION   MOTEUR
DIAGRAMME   ROTATION
DIAMÈTRE   STABILITÉ
PROFONDEUR   STRUCTURE
DIESEL   LIQUIDE
ÉNERGIE   PROPULSION
ANGLE   FRICTION

60 - Literatuur

```
T  H  È  M  E  U  Q  I  T  É  O  P  N  F  A  B
K  Q  F  L  M  M  K  I  P  R  Y  F  A  C  T  E
L  H  J  Y  H  G  È  N  V  V  C  J  S  S  I
Q  C  C  R  T  T  A  O  O  P  I  N  I  O  N  D
Q  I  T  X  Y  G  V  U  P  D  C  B  A  C  A  É
B  D  C  F  R  U  E  T  U  A  K  Q  I  M  W  G
A  N  A  L  Y  S  E  C  N  J  M  A  E  Z  O  A
D  I  A  L  O  G  U  E  E  D  É  N  I  O  O  R
O  S  E  Y  F  P  A  S  I  O  T  E  H  B  S  T
F  I  C  T  I  O  N  R  G  K  A  C  P  F  Y  C
C  O  N  C  L  U  S  I  O  N  P  D  A  S  T  C
S  T  Y  L  E  P  N  O  L  O  H  O  R  I  M  E
F  R  U  E  T  A  R  R  A  N  O  T  G  E  Q  T
F  E  M  E  F  P  L  H  N  V  R  E  O  Q  S  K
X  B  K  B  J  B  Y  H  A  I  E  L  I  L  L  D
C  O  M  P  A  R  A  I  S  O  N  X  B  P  X  A
```

ANALOGIE	MÉTAPHORE
ANALYSE	POÉTIQUE
ANECDOTE	RIME
AUTEUR	RYTHME
BIOGRAPHIE	ROMAN
CONCLUSION	STYLE
DIALOGUE	THÈME
FICTION	TRAGÉDIE
POÈME	COMPARAISON
OPINION	NARRATEUR

61 - Boeken

```
T R A G I Q U E A R X J O I S I
H M F E E G U C R U E T C E L M
I S D N M X N T O M T S S W P S
S I U F T K L A D N I E D S J M
T V A E E I G I M A T Z U E Y P
O T L L E S L K B M W E H R C E
R F I T N E V N I O J U X U P R
I Y T O K I S L W R E Q Z T G T
Q U É H I S T O I R E I A N E I
U L I T T É R A I R E P Q E A N
E R T Q E O J O X N K É P V Z E
P V Q B W P N P I W O A W A P N
O C Z Q C O L L E C T I O N G T
È N A R R A T E U R S C C A C E
M É C R I T V E K S E B T J O O
E U Q I T S I R O M U H C Z X I
```

AUTEUR
AVENTURE
PAGE
COLLECTION
CONTEXTE
DUALITÉ
ÉPIQUE
POÈME
ÉCRIT
HISTORIQUE

HUMORISTIQUE
INVENTIF
LECTEUR
LITTÉRAIRE
POÉSIE
PERTINENT
ROMAN
TRAGIQUE
HISTOIRE
NARRATEUR

62 - Meer Informatie

```
B T X P R L O K M C N H N K T T
P Q H U L Q F I O I M K K T Q K
Z P V B M A R P N N H V G E J P
H Y Y F Z X N M D É Z Y H C J R
E X T R Ê M E È E M A D V H L O
R É A L I S T E T A F J H N Y N
O I R A N É C S J E K E M O Z V
E R I A N I G A M I T I U L D P
Y M A U Z C C R R Q L X P O Y U
Q Y W C M C Q L B F N A I G S T
G H Q U L W N O I S U L L I T O
O X E Y X E T W R E L A Q E O P
R O B O T S D U U R J G K V P I
F U T U R I S T E V H O U A I E
E X P L O S I O N I G B I G E P
E V Z J Y R R K T L W P P X R J
```

CINÉMA
LIVRES
FEU
IMAGINAIRE
DYSTOPIE
EXPLOSION
EXTRÊME
FUTURISTE
ILLUSION

ORACLE
PLANÈTE
RÉALISTE
ROBOTS
SCÉNARIO
GALAXIE
TECHNOLOGIE
UTOPIE
MONDE

63 - Regenwoud

```
M C O M M U N A U T É R I C T B
Q O X X Q N U A G E D D N Q F B
X C U R U B R J N B V I S M R X
L T E S G A C R O E E V E A R F
J R I K S M Z X I Y I E C M E F
F S C P D E R U T A N R T M S L
V T É E J N M A A P M S E I T A
I J R C D È K E V P Y I S F A A
X Q P È T G U S R L N T A È U V
C A M P H I B I E N S É K R R F
L S P S Q D S O S G Q Q L E A B
I M U E F N W F É K U L D S T X
M U S R N I A L R W Z F R Y I D
A Q M V V T C E P S E R E I O B
T L E U Q I N A T O B W U R N Y
W J T B S S E L G N U J P Q F Q
```

AMPHIBIENS
PRÉSERVATION
BOTANIQUE
DIVERSITÉ
COMMUNAUTÉ
INDIGÈNE
INSECTES
JUNGLE
CLIMAT
MOUSSE

NATURE
SURVIE
RESPECT
RESTAURATION
ESPÈCE
REFUGE
OISEAUX
PRÉCIEUX
NUAGE
MAMMIFÈRES

64 - Haartypes

```
G R G D P L V H S C H C G P G R
R I O N O M U Z J N P O A T E K
I G N T C N O R R A M U K S C I
S X X D V É D N O L B R Y U P C
B O U C L E S U D B E T J U Q C
C S Q O E H I S L Q L U X O Q B
J A B E D I A B E É A V R N B Y
C C J S D W P R L R C L V K I K
C H A U V E É I O O T N E G R A
E S L Q G C L L N L Y E A G P D
S I M O L N I L G O G L Y G R K
D O R G G I Y A S C D X D X N U
W S K O I M T N B T G X M H G N
A H R P P L Q T F R I S É J F P
H T X D Q R W J Z T K Q T S J K
Z I R N P S A I N Y W T T W K I
```

BLOND
MARRON
ÉPAIS
SEC
MINCE
COLORÉ
TRESSÉ
SAIN
BRILLANT
ONDULÉ

GRIS
CHAUVE
COURT
BOUCLES
FRISÉ
LONG
BLANC
DOUX
ARGENT
NOIR

65 - Stad

```
F A G M T E D Z O J B N X O W S
L É A E U Q È H T O I L B I B U
E R L Y Q S E B É H Ô T E L D P
U O E N A M É N I C O T W U A E
R P R L L E C E E W O V I I H R
I O I E Z O O R F L E L A V U M
S R E I M M N Z H X V P E N G A
T T N R C A G S T A D E R I T R
E Q Z E T Z G E N Q E U T B B C
S Q C G U O Z A U J I Q Â T D H
C L I N I Q U E S K Q N É S Q É
Z H G A J K C P W I M A H B U H
B L D L U Z C V F V N B T P C C
H X D U H M P H A R M A C I E R
V Q P O U N I V E R S I T É M A
R W R B L U L I B R A I R I E M
```

PHARMACIE
BOULANGERIE
BANQUE
BIBLIOTHÈQUE
CINÉMA
FLEURISTE
LIBRAIRIE
ZOO
GALERIE
HÔTEL

CLINIQUE
AÉROPORT
MARCHÉ
MUSÉE
ÉCOLE
STADE
SUPERMARCHÉ
THÉÂTRE
UNIVERSITÉ
MAGASIN

66 - Creativiteit

```
G I M P R E S S I O N E V I S I
S C F L U I D I T É A C D N E N
H O É M O T I O N S N J M T N T
X M R N C S T N E M I T N E S U
X P P O L C J S S K P S Z N A I
S É T I C I T N E H T U A S T T
P T L S I X P O U V O C R I I I
O E C S M B R I Q E D O Q T O O
N N P E A M I S I O C D O É N N
T C S R G N O I T A N I G A M I
A E K P E Z G V S V C C Y Z X R
N R A X M Q M G I T J L L N S E
É W Q E E U Q I T A M A R D F V
V I T A L I T É R V J R I O E L
I N V E N T I F A N U T O O G U
I N S P I R A T I O N É J W I T
```

ARTISTIQUE
IMAGE
DRAMATIQUE
AUTHENTICITÉ
ÉMOTIONS
SENSATION
SENTIMENTS
CLARTÉ
IMPRESSION
INSPIRATION

INTENSITÉ
INTUITION
INVENTIF
SPONTANÉ
EXPRESSION
COMPÉTENCE
IMAGINATION
VISIONS
VITALITÉ
FLUIDITÉ

67 - Natuur

```
F  E  U  I  L  L  A  G  E  A  N  S  U  B  S  B
D  S  E  R  E  I  N  H  V  B  U  A  X  E  A  R
D  Y  H  Z  H  E  B  X  U  E  A  U  M  A  N  O
U  N  N  X  Q  A  M  K  E  I  G  V  Y  U  C  U
V  J  K  A  J  Y  K  V  L  L  E  A  N  T  T  I
E  H  I  M  M  L  R  Y  F  L  M  G  C  É  U  L
É  A  J  Q  M  I  M  Y  Y  E  D  E  B  G  A  L
R  B  N  G  A  I  Q  M  T  S  K  É  T  R  I  A
O  R  V  W  R  G  M  U  V  O  G  S  S  R  R  R
S  I  I  S  C  L  V  P  E  Z  Z  B  H  E  E  D
I  D  T  Z  T  D  E  N  Q  L  P  U  T  I  R  A
O  S  A  F  I  Ê  A  N  I  M  A  U  X  C  S  T
N  O  L  R  Q  E  R  T  R  O  P  I  C  A  L  Z
X  L  V  E  U  O  B  O  R  G  T  I  V  L  S  C
D  V  Q  V  E  P  M  O  F  G  I  G  R  G  D  I
F  A  L  A  I  S  E  S  R  L  M  A  S  L  T  A
```

ARCTIQUE
ABEILLES
FORÊT
ANIMAUX
DYNAMIQUE
ÉROSION
FEUILLAGE
GLACIER
SANCTUAIRE
FALAISES

BROUILLARD
FLEUVE
BEAUTÉ
ABRI
SEREIN
TROPICAL
VITAL
SAUVAGE
DÉSERT
NUAGE

68 - Zoogdieren

```
B S U T G U B É L É P H A N T U
N A V S D C Y A N P U H G O R K
L O L J V W D T N L O N J I W L
O M D E T O Y O C Q L B F L C I
L W G N I N H U C U A E R U A T
Y F E Â L N R W D A S I N G E H
I I U G O I E E Q E L L I R O G
U C C U N H D Y N M C H M Q J N
O U U T W P B A U A C H C H A T
R Q A H N U S E C H R A È J L E
U M O X L A V E H C D D S V Z B
O B R Q Q D R D I Z B D M B R V
G I R A F E H R E B W K I Q X E
N C A S T O R G N I P A L P T J
A C K I L N B B M S U W W Q E Y
K S F X N U Q C G T L O R M K X
```

SINGE	KANGOUROU
CASTOR	CHAT
COYOTE	LAPIN
DAUPHIN	LION
ÂNE	ÉLÉPHANT
CHÈVRE	CHEVAL
GIRAFE	TAUREAU
GORILLE	RENARD
CHIEN	BALEINE
CHAMEAU	LOUP

69 - Overheid

```
P M Y H N W S S R J E J H J L N
F D É T E N N E Y O T I C O I A
O I O K G Q Q F F M C J Z D B T
M S O L T I L F H H B O E T E I
S C Y L V J D Z I L Z O J N R O
U O J U D I C I A I R E L N T N
Z U M S U F D E J R G T D E É F
M R D K I E C I W Q S T I O R D
O S N E U Q I T I L O P S D E A
N A A C H Y V A A É B F C I D X
U C T I O Y I R R T E A U S A R
M Q I T P J L C T I É Y S T E X
E Z O S W L J O I L G N S R L G
N W N U S F U M L A R G I I N R
T D A J U D F É G G D Y O C N H
G I L Y B H Z D V É M W N T R J
```

CITOYENNETÉ
CIVIL
DÉMOCRATIE
DISCUSSION
ÉGALITÉ
JUDICIAIRE
JUSTICE
LEADER
MONUMENT
NATION

NATIONAL
POLITIQUE
DROITS
ÉTAT
SYMBOLE
DISCOURS
LIBERTÉ
LOI
DISTRICT

70 - Voertuigen

```
R Q E S T M E P C C C M J A S A
T A L H P É Q O N A S U E N P V
A T T U J T K K F M O F P X B I
V H B I Y R R E F I U N A B S O
V É W F X O X H Z O S Z Q I U N
T O L S U A G W G N M J R G O X
R P I O Q S I U E N A V A R A C
A V V T W C É A Y P R B Y A H H
I V N O U B P E X S I Y F M T P
N X H Q A R X D B M N R O B M M
P P L U E A E A U T A X I U A F
T R A C T E U R S H R L R L W P
T I K M A P X I F N F J N A Z J
O D L X B R L C C Q T S O N M D
M O T E U R E T O O C S P C F V
H É L I C O P T È R E I N E Z M
```

AMBULANCE
VOITURE
PNEUS
BATEAU
BUS
CARAVANE
VÉLO
HÉLICOPTÈRE
MÉTRO
MOTEUR

SOUS-MARIN
FUSÉE
SCOOTER
TAXI
TRACTEUR
TRAIN
FERRY
AVION
RADEAU
CAMION

71 - Geografie

```
H  R  D  J  W  Z  O  N  A  É  C  O  A  N  U  K
É  Y  N  J  P  R  U  E  T  A  U  Q  É  O  T  R
M  H  Q  W  J  I  E  X  L  S  Q  R  G  R  J  S
I  E  G  K  S  B  D  M  A  Y  E  N  Q  D  W  L
S  P  M  F  I  W  N  V  S  A  L  U  P  K  P  U
P  C  É  N  B  R  O  S  A  P  L  N  O  Y  X  D
H  O  R  Î  D  I  M  A  L  T  I  T  U  D  E  R
È  N  I  I  L  G  R  E  J  H  V  L  K  B  H  É
R  T  D  W  F  E  N  G  A  T  N  O  M  N  L  G
E  I  I  Y  M  T  Z  D  W  T  G  R  L  T  A  I
A  N  E  M  T  R  R  N  U  K  G  Q  I  F  T  O
C  E  N  Z  H  A  Y  E  J  I  A  K  R  G  I  N
L  N  V  K  M  C  G  I  M  X  O  O  F  L  T  R
F  T  V  D  F  F  L  E  U  V  E  P  D  O  U  O
G  F  J  N  C  U  S  U  D  J  P  V  R  Z  D  I
K  I  F  G  O  C  T  B  V  R  D  K  P  D  E  O
```

ATLAS	MÉRIDIEN
MONTAGNE	NORD
LATITUDE	OCÉAN
CONTINENT	RÉGION
ÎLE	FLEUVE
ÉQUATEUR	VILLE
HÉMISPHÈRE	MONDE
ALTITUDE	OUEST
CARTE	MER
PAYS	SUD

72 - Kunstbenodigdheden

```
D N O Y A T N U E X E O B X M Y
O V F H B Q A R É M A C A N Q E
K I Q G N C U B I Q X P F B R P
G A V H M Z J A L P A S T E L S
C O U L E U R S R E D I S R A E
C C P C S L H H N E L P W C C S
H O A R I E I W O S L U S N R S
E L P É A H D G B D D L C E Y O
V L I A H U A E R H T I E I L R
A E E T C I G Q A A H D R S I B
L M R I R L Q B H D J T U O Q Z
E M G V J E W G C Y U U T N U Z
T O I I C R A Y O N S P N X E E
H G U T Z E T A T F M R I S M R
D X V É T G H C Y G A H E R E Z
V N T V E S L E R C L V P T Y I
```

ACRYLIQUE
AQUARELLES
BROSSES
CAMÉRA
CRÉATIVITÉ
CHEVALET
GOMME
CHARBON
ENCRE
ARGILE

COULEURS
COLLE
HUILE
PAPIER
PASTELS
CRAYONS
CHAISE
TABLE
PEINTURE
EAU

73 - Barbecues

```
C L O R R E D U A H C C K I G N
M U S I Q U E Î N K E O G A V X
Q L Z O A C K H N L X U D R C M
Z E M P S W U N F E E T B U I X
U C I Q K W M Z U X R E R C B L
F O U R C H E T T E S A P W W E
I E J N C C G D L E U O T O S
N U R A G S U Q B L D X U R F S
V P K I P E A S V I A O L D J N
I B Y V L T S E B M L A E É T É
T U S O F A I M D A A M T N Y O
A Z O R L M W U Q F S R J K T Z
T N P F H O C G R O I G N O N S
I M Y M A T P É K F P O I V R E
O G X Q A F N L D É J E U N E R
N A E T J J S T X L H H H M V V
```

DÎNER
FAMILLE
FRUIT
GRIL
LÉGUMES
CHAUD
FAIM
POULET
DÉJEUNER
COUTEAUX

MUSIQUE
POIVRE
SALADES
SAUCE
TOMATES
OIGNONS
INVITATION
FOURCHETTES
ÉTÉ
SEL

74 - Schoonheid

```
D S U L Z P M R U P S H B I M O
N T I F Y H I X C B A K T F Z L
A Y V S G O R C Q X F R X E E I
É L X S R T O M N Z P L F O X S
L I K T X O I P Z C F B U U E S
É S E Z Q G R E X H I R Y A M E
G T G R K É A H T J X U Z E G I
A E Y U Q N S T I U D O R P J V
N G S E C I V R E S E L C U O B
T C U L O Q A R A C S A M T J J
G J A U A U P K D R N Y H X M V
O L M O S E L I U H G A T Y V K
U M J C C H A R M E X R G V T V
C O S M É T I Q U E D S Â É Z O
U S H A M P O O I N G I Z C L H
C I S E A U X L H C O O B Q E É
```

CHARME
COSMÉTIQUE
SERVICES
ÉLÉGANT
ÉLÉGANCE
PHOTOGÉNIQUE
GRÂCE
PARFUM
LISSE
PEAU

COULEUR
BOUCLES
MASCARA
HUILES
PRODUITS
CISEAUX
SHAMPOOING
MIROIR
STYLISTE

75 - Wetenschappelijke Discip

```
Q E E I É N G M Z M F G A A E M
L I I M J C R F T A K J S R B É
K M G M O L O M G N I T T C M T
B I O U C J T L H N Z B R H H É
K H L N S X C C O C R E O É T O
N C O O X T J V L G Q O N O G R
G O É L R K Z R L J I W O L J O
E I G O L O H C Y S P E M O A L
K B G G O Z B V Y O S I I G N O
E U Q I N A T O B W L M E I A G
J I Q E B X S E T P F I T E T I
M É C A N I Q U E I V H F E O E
N E U R O L O G I E Q C L G M W
P H Y S I O L O G I E U E H I F
M I N É R A L O G I E E E Z E F
C P U K B I O L O G I E C E B G
```

ANATOMIE

ARCHÉOLOGIE

ASTRONOMIE

BIOCHIMIE

BIOLOGIE

CHIMIE

ÉCOLOGIE

PHYSIOLOGIE

GÉOLOGIE

IMMUNOLOGIE

MÉCANIQUE

MÉTÉOROLOGIE

MINÉRALOGIE

NEUROLOGIE

BOTANIQUE

PSYCHOLOGIE

ROBOTIQUE

76 - Bijvoeglijke Naamwoorden

```
D  V  L  W  F  I  T  P  I  R  C  S  E  D  M  C
D  O  C  F  I  T  N  N  N  S  Z  R  E  R  V  O
S  R  U  S  E  M  P  T  N  E  L  O  N  M  O  S
P  E  A  É  R  G  D  Z  É  S  F  D  M  K  B  S
I  B  K  M  U  F  J  E  O  R  L  U  L  A  T  A
U  Y  O  D  A  I  W  O  O  T  E  Y  F  I  M  U
N  F  Q  R  E  T  S  A  I  N  R  S  U  T  Q  V
O  A  A  P  O  C  I  I  B  F  U  Q  S  Q  T  A
R  T  F  H  C  U  X  Q  I  M  T  S  X  A  F  G
M  I  A  F  N  D  C  S  U  J  A  N  S  P  N  E
A  G  L  W  G  O  M  F  E  E  N  M  U  Q  L  T
L  U  V  I  G  R  D  E  U  N  O  U  V  E  A  U
O  É  Y  E  X  P  G  F  O  R  T  S  A  W  N  P
C  R  É  A  T  I  F  P  P  S  A  L  É  C  A  U
N  E  Z  U  A  U  T  H  E  N  T  I  Q  U  E  R
N  F  R  E  S  P  O  N  S  A  B  L  E  F  T  K
```

AUTHENTIQUE	NOUVEAU
DOUÉ	NORMAL
DESCRIPTIF	PRODUCTIF
CRÉATIF	SOMNOLENT
DRAMATIQUE	FORT
SAIN	FIER
FAIM	RESPONSABLE
INTÉRESSANT	SAUVAGE
FATIGUÉ	SALÉ
NATUREL	PUR

77 - Kleding

```
C M E U K M F O U L A R D R C A
N O J W P P A A S N H O Z O H L
L Q L Z T W S N X G W A W B E U
R E I L B A T O T M O D E E M G
E B P L I W P L Q E X E R T I X
S K J U A E P A H C A I U R S D
A W R P P Y R T D B M U T G E R
M R E F Y A N N J I Z T N Q D N
I I V A J B V A G U S O I V Q W
J A Z Z A V Q P C N Q Z E A U I
U P C Y M E G C D Z I A C V F Y
P V D W A S S A N D A L E S R W
E C T W Q T Y C H E M I S I E R
R N H C R E R U S S U A H C A S
G A N T S C H A U S S E T T E S
F J I B R A C E L E T E S V Q N
```

BRACELET
CHEMISIER
PANTALON
GANTS
CHAPEAU
MANTEAU
VESTE
ROBE
COLLIER
MODE

PYJAMA
CEINTURE
JUPE
SANDALES
CHAUSSURE
TABLIER
CHEMISE
FOULARD
CHAUSSETTES
PULL

78 - Vliegtuigen

```
I  Y  H  R  E  G  A  S  S  I  R  R  E  T  T  A
M  Y  Y  A  R  O  Z  T  D  B  A  Z  V  E  G  X
N  A  V  I  G  U  E  R  M  E  M  B  N  P  F  P
C  B  A  L  L  O  N  U  I  O  S  X  U  F  H  N
P  A  E  S  E  N  E  E  V  O  S  C  I  Z  N  N
A  A  R  S  Z  B  E  T  O  L  I  P  E  D  D  B
S  V  I  B  N  M  R  O  O  U  C  L  H  N  X  Q
S  E  O  G  U  R  C  M  Q  R  R  R  T  È  T  X
A  N  T  F  N  R  U  E  T  U  A  H  M  D  R  E
G  T  S  X  E  I  A  D  C  I  E  L  Q  Q  I  E
E  U  I  Y  G  K  R  N  G  I  S  E  D  U  A  A
R  R  H  Y  E  N  O  I  T  C  E  R  I  D  H  J
H  E  É  Q  U  I  P  A  G  E  O  W  B  K  U  R
W  A  P  C  O  N  S  T  R  U  C  T  I  O  N  P
C  D  J  Z  T  U  R  B  U  L  E  N  C  E  B  N
H  Y  D  R  O  G  È  N  E  Q  A  H  Z  B  E  V
```

DESCENTE	ATTERRISSAGE
ATMOSPHÈRE	AIR
AVENTURE	MOTEUR
BALLON	NAVIGUER
ÉQUIPAGE	DESIGN
CONSTRUCTION	PASSAGER
CARBURANT	PILOTE
HISTOIRE	DIRECTION
CIEL	TURBULENCE
HAUTEUR	HYDROGÈNE

79 - Herbalisme

```
S O L X C Z M T M F O I O C X E
A L P H U M E N I A L O J R A M
F O W U N E U E R I A N I L U C
R W S L Y D Q I H F C R D N C I
A V E R O C I D E D N A V A L L
N Z T E O C T É S A I L Y K S I
P U É S B H A R A L R U E L F S
W I S T N H M G V B A T J I G A
O A L R I O O N E K M Y I H H B
I N O A D L R I U K O Y H V Y A
P E M G R I A I R B R B H Q O E
Q T G O A S A U G Y R P E T V E
O H K N J R Q P Q A Y Q D R L D
G P K D D E L I U O N E F E W Q
B B H T A P O H O E I D L V W O
C V D F E L M S B G U H K S M Z
```

AROMATIQUE	LAVANDE
BASILIC	MARJOLAINE
FLEUR	ORIGAN
CULINAIRE	PERSIL
ANETH	ROMARIN
ESTRAGON	SAFRAN
VERT	SAVEUR
INGRÉDIENT	THYM
AIL	JARDIN
QUALITÉ	FENOUIL

80 - Kracht en Zwaartekracht

```
E M S I T É N G A M P N T R L L
P S É T É I R P O R P O O B X J
N H N C N R I X E K V D I K U U
D D Y V A Q S P F G G I J D U A
É I P S C N O I S N A P X E S X
C S R P I Q I V L Y D Z S R V E
O T E M F Q E Q P L A N È T E S
U A S E R R U L U T K X N D T Y
V N S T I B Q E T E S S E T I V
E C I C C V I S I R T Y H U B B
R E O A T O M R U T S M Y X R Z
T H N P I L A E B N D O X J O M
E K E M O K N V H E C X U Z O H
X Q C I N G Y I W C R J P D G B
A P N P S J D N O X W F G N Q F
Q T N E M E V U O M X A N J T Y
```

DISTANCE
AXE
ORBITE
MOUVEMENT
CENTRE
PRESSION
DYNAMIQUE
PROPRIÉTÉS
POIDS
IMPACT

MAGNÉTISME
MÉCANIQUE
PHYSIQUE
DÉCOUVERTE
PLANÈTES
VITESSE
TEMPS
EXPANSION
UNIVERSEL
FRICTION

81 - Rijden

```
X D G A S U N M A Y K G A Z M V
Q A M C W C K L T U N N E L N A
B N R C H C O N I W K I O G V S
X G X I V J E P Q C F R E I N S
E E E D R O U T E C E T H G S Q
G R W E T R A C L O J N M O É C
A G U N V I T E S S E X C T C F
R S M T N A R U B R A C D E U U
A C E Q I N C Z C W V O T E R Q
G Y J O T O M O T E U R R D I Q
U W P C N I V G S C M N A M T C
J W T G K M F U R I O Y F E É M
R J J A Z A A L N L T P I Q P V
F U D E B C C Z U O E D C D P W
C V E Q B A N N R P I É T O N X
X Y M N J T I A S J H K F U J V
```

VOITURE
CARBURANT
GARAGE
GAZ
DANGER
CARTE
LICENCE
MOTEUR
MOTO
ACCIDENT

POLICE
FREINS
VITESSE
RUE
TUNNEL
SÉCURITÉ
TRAFIC
PIÉTON
CAMION
ROUTE

82 - Wetenschap

```
W  I  M  É  T  H  O  D  E  A  P  E  R  O  D  U
Y  Q  P  A  R  T  I  C  U  L  E  S  Z  R  N  W
F  I  W  X  U  A  R  É  N  I  M  M  A  G  L  J
L  O  F  U  E  M  J  C  X  G  H  C  R  A  P  F
A  W  S  W  U  I  W  N  A  T  U  R  E  N  F  Z
I  T  X  S  Q  L  E  D  U  N  T  U  B  I  V  W
S  J  C  O  I  C  R  F  B  B  X  E  E  S  F  G
O  J  E  M  M  L  F  A  E  B  Q  S  C  M  S  R
N  A  I  I  N  E  I  U  B  I  È  N  E  E  A
A  R  A  O  H  W  G  T  M  S  C  H  E  M  É  V
F  Q  P  Q  C  Z  É  V  O  L  U  T  I  O  N  I
O  B  S  E  R  V  A  T  I  O  N  O  R  T  N  T
U  U  E  I  E  U  Q  I  S  Y  H  P  É  A  O  É
L  A  B  O  R  A  T  O  I  R  E  Y  P  R  D  P
M  O  L  É  C  U  L  E  S  I  U  H  X  Z  X  X
S  C  I  E  N  T  I  F  I  Q  U  E  E  E  T  O
```

ATOME
CHIMIQUE
PARTICULES
ÉVOLUTION
EXPÉRIENCE
FAIT
FOSSILE
DONNÉES
HYPOTHÈSE
CLIMAT

LABORATOIRE
MÉTHODE
MINÉRAUX
MOLÉCULES
NATURE
PHYSIQUE
OBSERVATION
ORGANISME
SCIENTIFIQUE
GRAVITÉ

83 - Natuurkunde

```
A T O M E M S I T É N G A M E I
Z F P U J H E V E V D C H V B X
A C C É L É R A T I O N H Y E Y
G S T U R R E L U C I T R A P Q
N Y Z D B E C N E U Q É R F O H
V E E K V S L W V G Z G E J Q S
J U C Y S S C A V I T E S S E U
Z Q N J R A D É T I S N E D I M
E I E L U M R O F I G E O L S O
U N I V E R S E L M V O Q Z W L
Q A R H T R C J Q A T I F A M É
I C É P O G R A V I T É T C W C
M É P I M É L E C T R O N É L U
I M X P Z F J H Q T W Z B O S L
H O E D Q M R D L Z Y X I K I E
C N I J C G V L Z W D P E T I O
```

ATOME
CHAOS
CHIMIQUE
PARTICULE
DENSITÉ
ÉLECTRON
EXPÉRIENCE
FORMULE
FRÉQUENCE
GAZ

MAGNÉTISME
MASSE
MÉCANIQUE
MOLÉCULE
MOTEUR
RELATIVITÉ
VITESSE
UNIVERSEL
ACCÉLÉRATION
GRAVITÉ

84 - Muziekinstrumenten

```
C V W Y U E E T T E P M O R T S
L F L Û T E N W A B M I R A M A
A H H H P I E S J M O K V M T X
R H D W H A R P E U B N U Y A O
I A S P M C A G N O G O Q C M P
N U V S E I T J O N I S U L B H
E T I H C N I E B A M S D R O O
T B O N K O U J M I K A Z U U N
T O L W T M G W O P U B U K R E
E I O D K R J V R B A N J O I T
G S N B N A S F T J H O V K N O
L U C P X H F Q D Z S L S K Y R
E S E M O K Q M A N D O L I N E
N T L X P E R C U S S I O N Z X
P C L Q V F H Z W M D V N V V E
R X E A X K B U H O S W S P L M
```

BANJO
VIOLONCELLE
BASSON
FLÛTE
GUITARE
GONG
HARPE
HAUTBOIS
CLARINETTE
MANDOLINE

MARIMBA
HARMONICA
PERCUSSION
PIANO
SAXOPHONE
TAMBOURIN
TROMBONE
TAMBOUR
TROMPETTE
VIOLON

85 - Antiek

```
R A U T H E N T I Q U E N U E P
V E L Y T S V Q P I È C E S N R
A I S L J V Z Q I W X P R E C I
L R E T Q L I A P W T R U R H X
E E L L A E A E V M B X T U È T
U L B U B U G R U G A S P T R A
R A U B Z T R V T X I W L N E U
P G E Q O I F A O I Z U U I S M
L L M U U B W S T O C S C E P T
D É C O R A T I F I D L S P X E
I O T A E H N Y Q Y O M E O H A
H V L W P N A L P E W N Q V S U
G D I U K I G P A S S I O N N É
I V M X L U É Q U A L I T É Y F
H R Z J U E L C È I S T O U T U
H E A Q I I É L T G Z C D I H A
```

AUTHENTIQUE
SCULPTURE
DÉCORATIF
SIÈCLE
ÉLÉGANT
GALERIE
ARTICLE
ART
QUALITÉ
PASSIONNÉ

MEUBLES
PIÈCES
INHABITUEL
VIEUX
PRIX
RESTAURATION
PEINTURES
STYLE
ENCHÈRES
VALEUR

86 - Activiteiten en Vrije Ti

```
V P A S S E T E M P S A U G S V
T O W P Ê C H E U H M U R L A O
Y J Y O J C O U R S E X V N N L
Q O L A E L L A B T E K S A B L
C Z K X G P L I F O X F R U S E
G O L F V E J X O R X Y A X X Y
R E L A X A N T O P D E N Z T B
Y P G I M I W X T E B R D L E A
B A S E B A L L B I W G O O N L
C D T W R R E G A N R V N S N L
W A X Y Q N I I L T R A N R I F
W Z M Q J R P D L U I D É H S K
A K E P F X F N H R F Y E V V T
J Q O H I S Z A F E V E O V R W
R I M U E N P L O N G É E S A S
N B O K F E G A N I D R A J P V
```

BASKET-BALL	COURSE
BOXE	VOYAGE
PLONGÉE	PEINTURE
GOLF	SURF
PÊCHE	TENNIS
PASSE-TEMPS	JARDINAGE
BASE-BALL	FOOTBALL
CAMPING	VOLLEY-BALL
ART	RANDONNÉE
RELAXANT	NAGER

87 - Koffie

```
C E X X A H V Y S T V U W S H
O A V H M U S F R U Y E G S S A
Y W F B O I S S O N C A T J M U
V A M É M P B S X A U R H R O M
Y H W T I M A T I N C E E W U V
É L M D S N N I R B L I E X D B
T A S S E Y E A P K V V D N R S
É V S O N Q A L T W D A I E E Z
I E U U I F M P E H M A U P Y B
R I O N G O E R T L I F Q B E V
A L I O I W R V V S G Z I A A P
V S J I R U E V A S V H L R U X
J M H W O H E P Q U O Y K Ô Q D
I L I G M R Y D P M A I Y M T T
C R È M E G N O T R Ô T I E R I
G E I J A G I I E P Y H C K Z M
```

ARÔME	ORIGINE
TASSE	PRIX
AMER	CRÈME
CAFÉINE	SAVEUR
BOISSON	SUCRE
FILTRE	VARIÉTÉ
RÔTI	LIQUIDE
MOUDRE	EAU
LAIT	ACIDE
MATIN	NOIR

88 - Schaken

```
L X O V V S G O X H X P L I O T
H K R O V R I O N N B D G W Q O
H G R O K D E R D N E R P P A U
A I L I E E I I V M V C W I S R
R È G L E S N A N K S Y D N T N
U E U C G Z H W G E S E C T R O
C F X J O U E U R O T R V E A I
P O P W A E K E X F N I L L T R
W A N F K J W P G I I A C L É O
N P O C E L B I Z S O S L I G I
E C I Q O T E M P S P R F G I R
V L P Z P U Y W Z A Q E T E E W
C R M U X D R U M P V V C N R E
M L A J V O E S I F É D L T N J
U X H B L A N C P K Z A G R T M
A N C S A C R I F I C E H W G L
```

DIAGONAL
CHAMPION
ROI
REINE
APPRENDRE
SACRIFICE
PASSIF
POINTS
RÈGLES
INTELLIGENT

JEU
JOUEUR
STRATÉGIE
ADVERSAIRE
TEMPS
TOURNOI
DÉFIS
CONCOURS
BLANC
NOIR

89 - Boerderij #1

```
Z  L  A  H  M  J  A  A  E  Q  P  H  N  T  L  O
E  T  H  F  E  A  Q  U  H  U  K  L  V  R  A  J
G  R  A  I  N  E  S  L  C  H  E  N  Â  O  K  S
K  G  B  Q  Q  X  P  M  A  H  C  A  C  U  G  G
J  V  E  A  U  Q  D  V  V  Z  I  R  U  P  U  A
T  N  R  Y  D  X  O  B  C  J  O  E  P  E  G  K
R  J  U  L  G  I  B  X  O  C  D  W  N  A  V  L
T  P  T  A  H  C  J  K  R  C  T  Z  I  U  B  P
Z  P  Ô  K  H  O  M  A  B  Z  H  I  O  T  W  O
R  E  L  E  I  M  T  O  E  I  W  È  F  S  A  U
H  P  C  L  W  N  S  S  A  B  X  X  V  Z  K  L
D  V  I  L  K  D  U  G  U  Q  S  B  B  R  C  E
A  G  R  I  C  U  L  T  U  R  E  S  Z  H  E  T
Z  O  B  E  B  K  D  B  C  C  N  W  Z  O  X  Z
A  P  W  B  H  M  M  Q  Q  P  T  M  O  W  Y  N
E  S  I  A  R  G  N  E  J  C  H  E  V  A  L  G
```

ABEILLE
ÂNE
CHÈVRE
CLÔTURE
CHIEN
MIEL
FOIN
VEAU
CHAT
POULET

VACHE
CORBEAU
TROUPEAU
AGRICULTURE
ENGRAIS
CHEVAL
RIZ
CHAMP
EAU
GRAINES

90 - Huis

```
M I T W M C H O X Q I M R S M F
U V Q H U H X B D N F C M E I I
Z Z P V R A R O X L S D Z U R K
U W M Z B M I H V P E J E Q O P
B G I Y H B P V D D L F H È I E
W H A F U R I Q V B B A K H R H
P Q L R R E T R O P U Q F T E C
A R A T A F Z C P K E R H O É U
U Y B L O G F D D X M G H I N O
G Z I V O I E N I S I U C L I D
C J F T D N T A O K M T J B M U
C L Ô T U R E L A M P E A I E J
F M M B L S O U S S O L R B H D
E S C A L I E R C Q Q X D L C I
H G F U T B T A P I S D I N W N
T V E D V H H X U R E I N E R G
```

BALAI
BIBLIOTHÈQUE
TOIT
PORTE
DOUCHE
GARAGE
CHEMINÉE
CLÔTURE
CHAMBRE
SOUS-SOL

CUISINE
LAMPE
MEUBLES
MUR
PLAFOND
MIROIR
TAPIS
ESCALIER
JARDIN
GRENIER

91 - Geometrie

```
H  T  I  L  O  G  I  Q  U  E  Y  Y  J  E  T  M
A  F  H  C  P  X  M  L  V  Z  Q  Y  U  N  R  A
U  C  X  É  D  I  M  E  N  S  I  O  N  C  I  S
T  X  E  T  O  É  Q  U  A  T  I  O  N  A  A  S
E  L  G  N  A  R  V  E  P  T  I  J  L  R  N  E
U  L  X  S  G  I  I  P  O  I  C  E  U  R  G  L
R  P  A  E  O  D  M  E  L  C  R  E  C  É  L  X
S  V  E  R  T  I  C  A  L  C  Z  V  L  E  E  Y
C  Y  L  S  E  G  M  E  N  T  U  Z  A  L  J  H
Z  O  M  V  P  B  R  N  P  C  W  C  C  È  H  T
L  F  U  É  H  O  R  I  Z  O  N  T  A  L  D  G
S  Y  Q  R  T  X  A  B  D  F  A  O  A  L  C  T
X  B  X  J  B  R  M  U  B  D  I  J  C  A  S  W
V  B  O  X  F  E  I  T  Y  I  D  D  T  R  R  W
S  U  R  F  A  C  E  E  A  C  É  H  U  A  H  H
D  I  A  M  È  T  R  E  R  R  M  L  E  P  D  Y
```

CALCUL	MASSE
CERCLE	MÉDIAN
COURBE	SURFACE
DIAMÈTRE	PARALLÈLE
DIMENSION	SEGMENT
TRIANGLE	SYMÉTRIE
ANGLE	THÉORIE
HAUTEUR	ÉQUATION
HORIZONTAL	VERTICAL
LOGIQUE	CARRÉ

92 - Jazz

```
T E C H N I Q U E S M F Z I G C
J R L M Y M H H K K U H O U R O
N O I T A S I V O R P M I S Y M
A O X A P T V C M U S I Q U E P
C C U X J N I H Q D D S U R L O
O I C V H E E A N E N K W Y Y S
M N F E E L U N D A V J Y T T I
P F A R N A X S Z R L V K H S T
O L V T Q T U O K Z U B T M N E
S U O S C E R N E G U W U E J U
I E R E T S I T R A E Q G M I R
T N I H W I G U B N D A B R U K
I C S C F K L K È K Z K N B N T
O E W R Q V J G L Q N J S X E P
N S X O M C O X É D K H L O K X
C U V N H T R E C N O C Q E X N
```

ALBUM
ARTISTE
CÉLÈBRE
COMPOSITEUR
CONCERT
FAVORIS
GENRE
IMPROVISATION
INFLUENCES
CHANSON

MUSIQUE
ACCENT
NOUVEAU
ORCHESTRE
VIEUX
RYTHME
COMPOSITION
STYLE
TALENT
TECHNIQUE

93 - Getallen

```
Q U I N Z E R F U E N X I D J M
Q U A T O R Z E W Z É R O L S U
N Z V D P T I U H I N E U F I T
I V P E I H R U Z E N R A H X J
C A J N H X S E F S X E S K I E
R P E R M M H D I T R O I S D R
A A V G Z G D U O Z D J P R A T
F V J P T P E S I U E R T A U Q
A A Q T G R U R X T Z B P S U B
M H K F N K X R A W D E E C K D
W R U G I C K S A G Y L S A E A
N S N W V Z P E E O M I X Q B S
G I H X Z E G E Z I V U I R U T
C T B H O H F H A A I Y D R G X
Y D O O J U Y K K J J D J B P B
M M R Q T A I A P U V H V F V P
```

HUIT
DIX-HUIT
TREIZE
TROIS
UN
NEUF
DIX-NEUF
ZÉRO
DIX
DOUZE

DEUX
VINGT
QUATORZE
QUATRE
CINQ
QUINZE
SIX
SEIZE
SEPT
DIX-SEPT

94 - Boksen

```
C M A C C J C Q P V J M Z C L I
O E D X C L M O N R D M A U V Q
N N V G N I O P M P Y N X M D S
C T E D U O C C R B L N S U S Z
E O R W Y X U L H S A D N H M U
N N S E D R O C V E R T I B R A
T J A B S Z A B U R N S T B R Z
R S I Z B F G I A U N I K A C G
E T R O U R C X H S P R O C N E
R N E F E H R U N S W O E X I T
F I V C A U E C N E T É P M O C
Z O Z É P U I S É L M D U P C R
K P R G A N T S D B Q J O A X X
C O Z C Z L Y Z E D I Q C S C J
R D B D E D I P A R C C F B Q M
R É C U P É R A T I O N X Z J Z
```

COUDE
CONCENTRER
GANTS
RÉCUPÉRATION
COIN
MENTON
CLOCHE
FORCE
CORPS
POINTS

ARBITRE
COUP
RAPIDE
ADVERSAIRE
CORDES
ÉPUISÉ
COMPÉTENCE
COMBATTANT
BLESSURES
POING

95 - Boerderij #2

```
M K F E D C U S Ï A M T G K U R
Z U S U W R A M A L H O Y E G Z
R U C H E B E N K Q A J U U Z P
F D R H U A N K A U F I C T W L
A R H D C S G I B R O R G E O X
G E U W T I A L E G D U T M S N
R G P I V F O K R R W Q S U R O
I R V D T U B A G A I A T G K I
C E B T P G A L E N S C V É C T
U V N U I Y N O R G S K X L E A
L A Z A Y Y I Y I E M G Q N I G
T O P I T P M T R A C T E U R I
E D R A D Q A O X Y W F S X Y R
U P É N M D U P Y W S L T L D R
R X L U G E X U A M G Z S K S I
J P B M O U L I N À V E N T C P
```

RUCHE
AGRICULTEUR
VERGER
ANIMAUX
CANARD
FRUIT
ORGE
LÉGUME
BERGER
IRRIGATION

AGNEAU
LAMA
MAÏS
LAIT
MOUTON
GRANGE
BLÉ
TRACTEUR
PRÉ
MOULIN À VENT

96 - Psychologie

```
S  E  C  N  E  I  R  É  P  X  E  H  J  W  S  E
É  V  A  L  U  A  T  I  O  N  C  E  J  I  J  Y
P  I  B  I  T  Y  D  I  P  E  N  S  É  E  S  N
E  N  O  N  H  P  T  Y  L  M  A  Q  U  B  X  N
R  F  U  C  É  R  F  N  I  F  F  T  E  D  M  O
S  L  H  O  R  O  X  C  Y  K  N  D  Y  V  G  I
O  U  Z  N  A  B  Q  T  E  D  E  O  J  Y  Y  T
N  E  S  S  P  L  Q  D  O  B  J  M  C  G  W  I
N  N  E  C  I  È  P  E  R  C  E  P  T  I  O  N
A  C  N  I  E  M  T  U  I  J  I  R  L  V  I  G
L  E  S  E  S  E  V  Ê  R  B  J  G  U  I  L  O
I  S  A  N  K  V  Y  Z  E  U  Q  I  N  I  L  C
T  Z  T  T  Y  I  O  B  D  G  E  L  N  N  K  R
É  T  I  L  A  É  R  Z  P  Q  O  I  Q  J  F  X
Y  M  O  C  O  M  P  O  R  T  E  M  E  N  T  F
I  S  N  O  I  T  O  M  É  N  W  T  R  H  E  D
```

ÉVALUATION	SENSATION
INCONSCIENT	INFLUENCES
COGNITION	ENFANCE
CONFLIT	CLINIQUE
RÊVES	PERCEPTION
EGO	PERSONNALITÉ
ÉMOTIONS	PROBLÈME
EXPÉRIENCES	RÉALITÉ
PENSÉES	THÉRAPIE
COMPORTEMENT	

97 - Zakelijk

```
K I P N U N E V E R R K N P V T
H M V A G S E E Q B É M X B I R
D P K K T A I P Q U D W G C V A
E Ô C P E R M N P R U S U Z M N
V T V W G Q O S E E C C O Û T S
I S E A D G N N R A T N E G R A
S Y B W U T O P K U I B S E O C
E U C O B R C X X W O Z I A F T
L W L A U Q É V N J N U R X P I
N Y Y L F T W D É Y O L P M E O
Q H R U E Y I V D R F V E R V N
F I N A N C E Q R Q X Z R R T A
W P G Q N G F X U W L J T D X S
A R U E Y O L P M E V E N T E T
P R O F I T H P J X P I E K U C
C A R R I È R E H A X D L Q E P
```

PATRON
ENTREPRISE
BUDGET
IMPÔTS
CARRIÈRE
ÉCONOMIE
USINE
FINANCE
ARGENT
REVENU

BUREAU
RÉDUCTION
COÛT
TRANSACTION
DEVISE
VENTE
EMPLOYEUR
EMPLOYÉ
BOUTIQUE
PROFIT

98 - Voeding

```
S  V  U  É  T  N  A  S  D  L  C  W  C  H  B  É
D  I  È  T  E  M  T  N  B  I  O  S  K  M  S  Q
I  E  L  I  N  C  C  C  G  Q  M  T  T  L  A  U
O  E  H  L  I  Q  U  L  R  U  E  V  A  S  I  I
P  N  Q  A  X  B  Q  A  G  I  S  F  D  L  N  L
J  I  H  U  O  G  X  F  S  D  T  E  L  S  O  I
C  M  N  Q  T  S  X  Z  E  E  I  R  H  D  I  B
G  A  A  M  E  R  F  H  N  S  B  M  V  F  T  R
C  T  L  G  Z  J  G  C  I  O  L  E  R  F  S  É
N  I  E  O  G  C  Y  M  É  C  E  N  X  M  E  H
A  V  P  A  R  Q  F  I  T  I  R  T  U  N  G  N
E  F  E  N  R  I  S  N  O  B  D  A  B  V  I  R
K  A  B  V  L  H  E  P  R  D  S  T  J  T  D  R
A  P  P  É  T  I  T  S  P  C  X  I  I  T  A  K
G  L  U  C  I  D  E  S  T  C  D  O  E  E  U  Q
M  W  M  A  I  Z  O  V  X  F  V  N  K  E  G  U
```

AMER	SANTÉ
CALORIES	GLUCIDES
DIÈTE	QUALITÉ
COMESTIBLE	SAUCE
APPÉTIT	SAVEUR
PROTÉINES	DIGESTION
ÉQUILIBRÉ	TOXINE
FERMENTATION	VITAMINE
POIDS	LIQUIDES
SAIN	NUTRITIF

99 - Chemie

```
Y Z G K G C O O B A K L T L C X
P N Q D P A Q X O C X V B X Z R
R K W M T T M Y E I D E Y T J U
N D S U T A O G N D D C L P X E
U V X H N L L È È E D I U Q I L
E Q U K K Y É N G M G V U B X A
R P D B Y S C E O B É M A E T H
O É Y W I E U V R H J T L S O C
L P A W B U L G D Q T Z A E Y A
H Q X C N R E M Y Z N E T U F R
C N U S T P P E H T O A V X X B
P I G H K I X E U Q I N A G R O
O O G A Z H O A L C A L I N R N
S L I L T I E N O R T C E L É E
E Z F D T E M P É R A T U R E Q
L Q F J S B Y J N C N N V B F Z
```

ALCALIN
CHLORE
ÉLECTRON
ENZYME
GAZ
POIDS
ION
CATALYSEUR
CARBONE
MÉTAUX

MOLÉCULE
ORGANIQUE
RÉACTION
TEMPÉRATURE
LIQUIDE
CHALEUR
HYDROGÈNE
SEL
ACIDE
OXYGÈNE

1 - Metingen

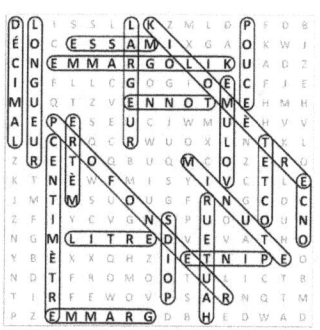

2 - Opwarming van de Aarde

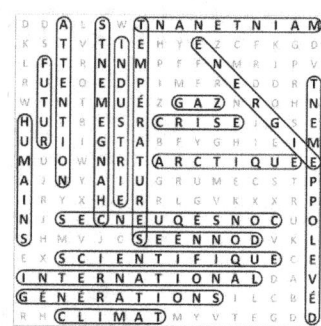

3 - Keuken

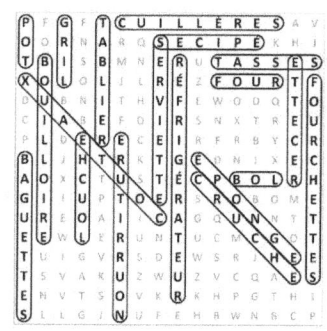

4 - Boten

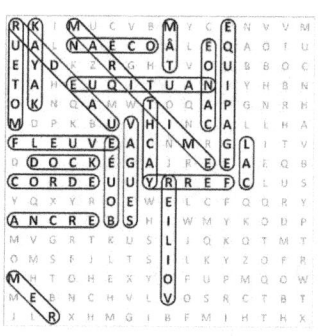

5 - Chocolade

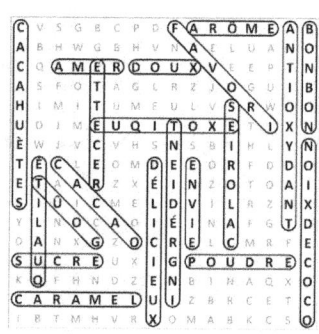

6 - Gezondheid en Welzijn #2

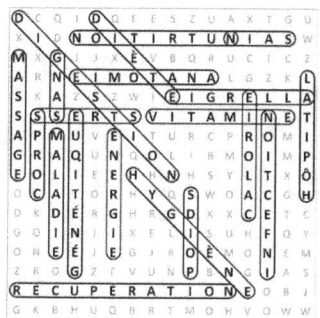

7 - Tijd

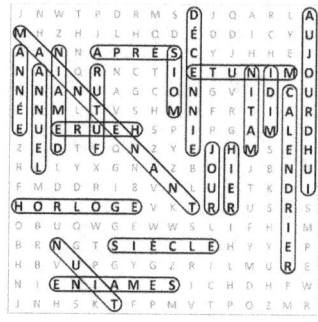

8 - Meditatie

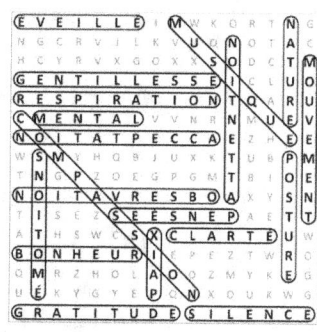

9 - Muziek

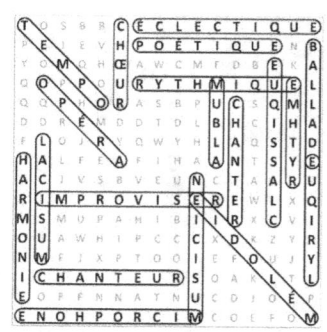

10 - Vogels

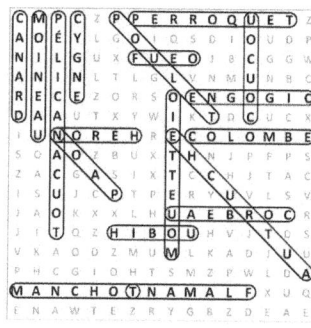

11 - Universum

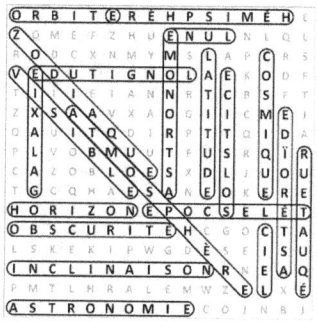

12 - Wiskunde

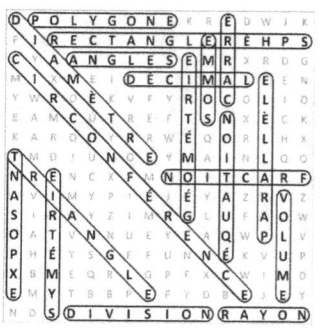

13 - Gezondheid en Welzijn #1

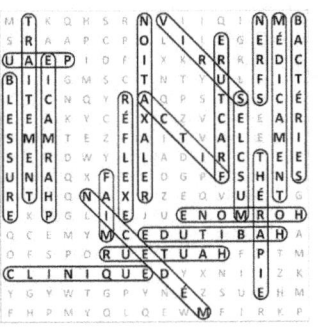

14 - Camping

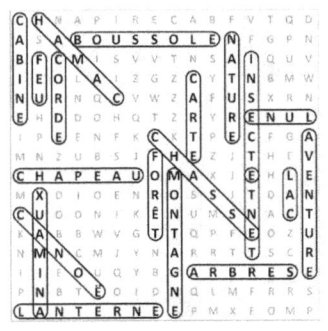

15 - Algebra

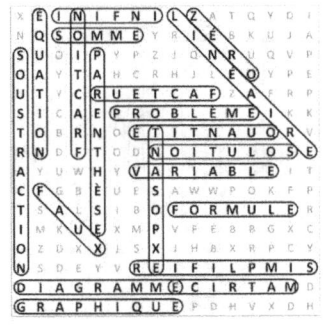

16 - Activiteiten

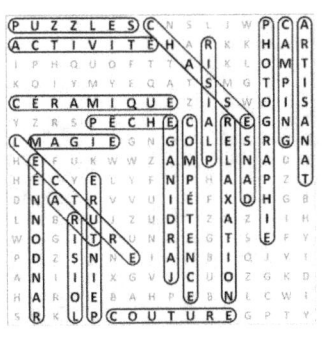

17 - Vormen

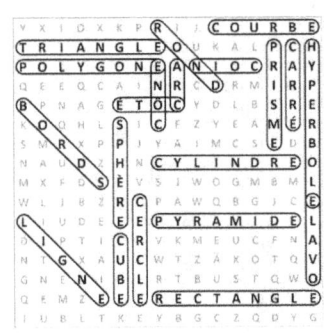

18 - Diplomatie

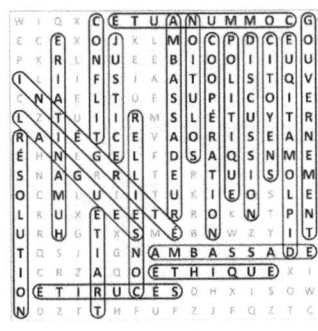

19 - Astronomie

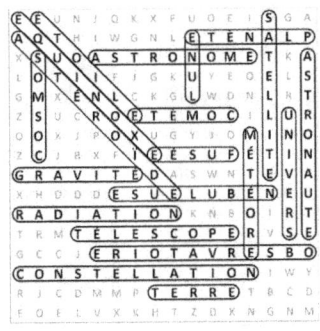

20 - Emoties

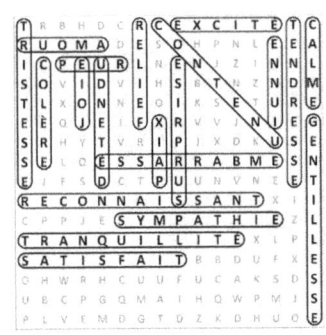

21 - Vakantie #2

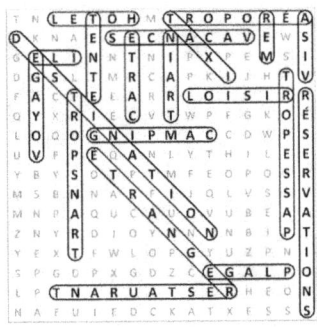

22 - Eten #2

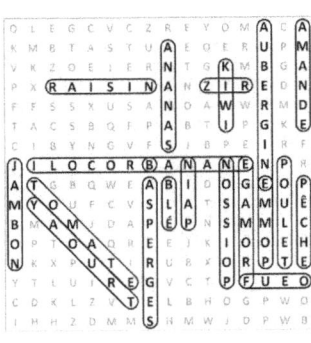

23 - Geologie

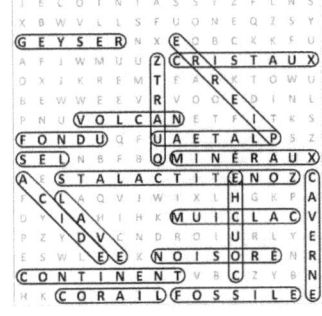

24 - Specerijen

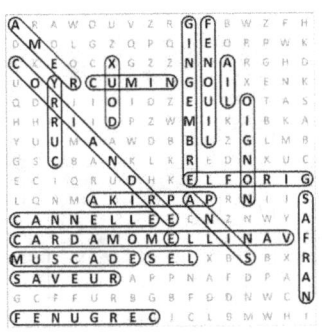

25 - Groenten

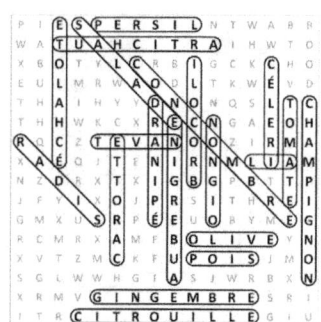

26 - Archeologie

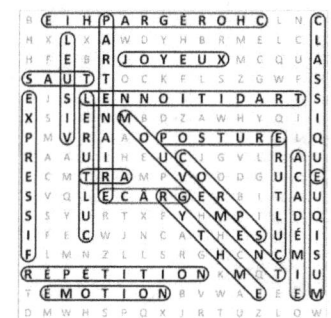

27 - Dans

28 - Ziekte

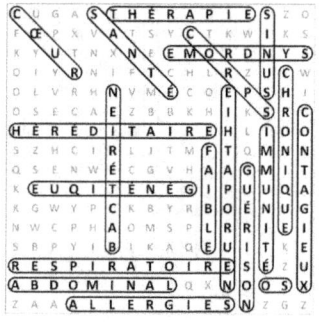

29 - Mythologie

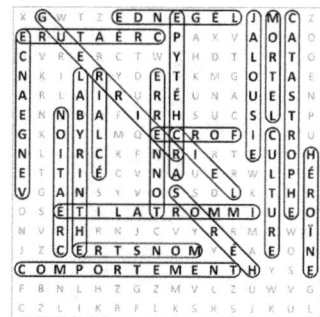

30 - Eten #1

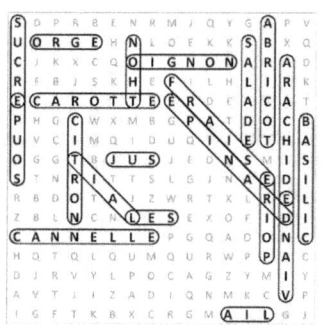

31 - Avontuur

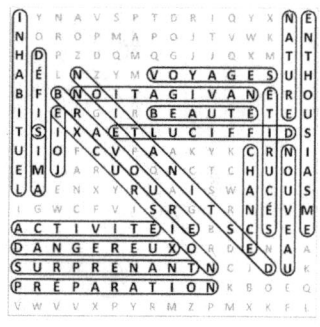

32 - Restaurant #2

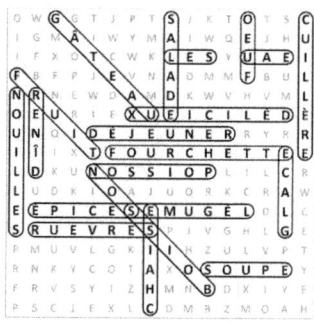

33 - De Media

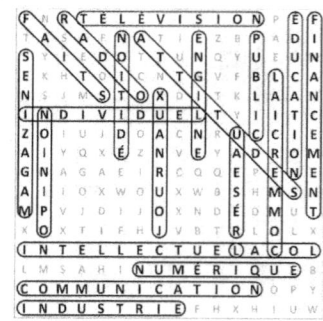

34 - Bijen

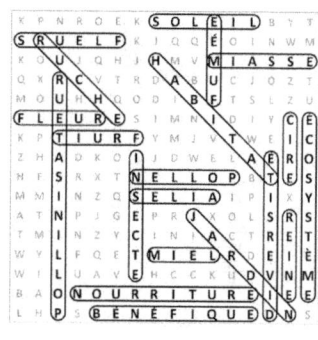

35 - Wandelen

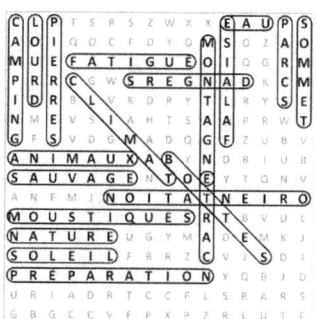

36 - Ecologie

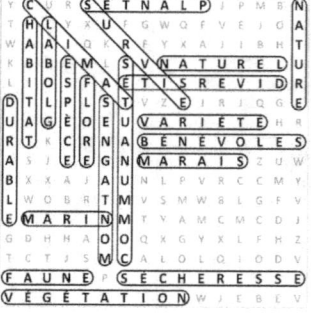

37 - Biologie

38 - Landen #1

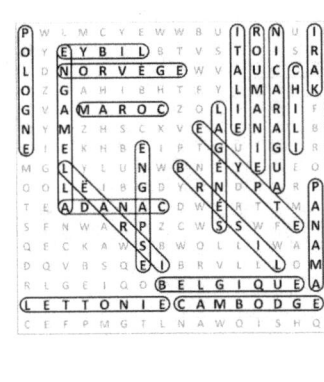

39 - Installaties

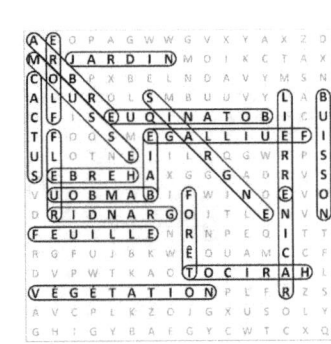

40 - Agronomie

41 - Oceaan

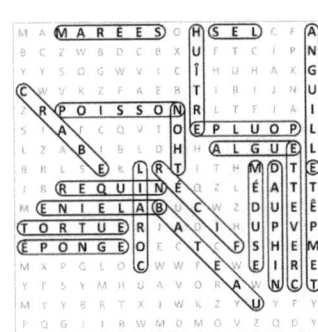

42 - Landen #2

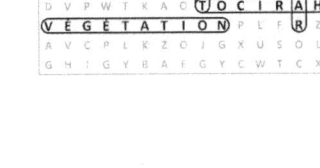
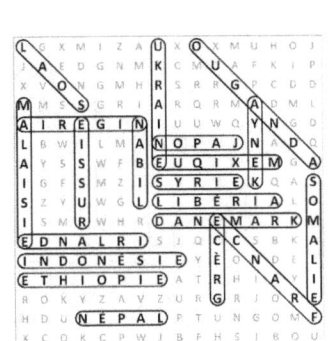

43 - Bloemen

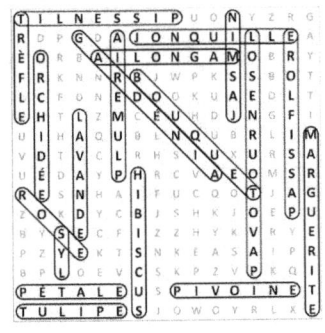

44 - Landschappen

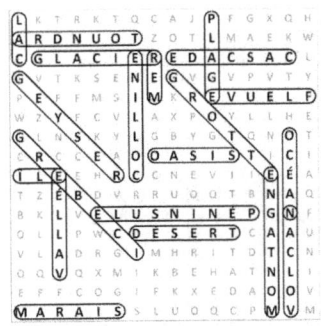

45 - Tuin

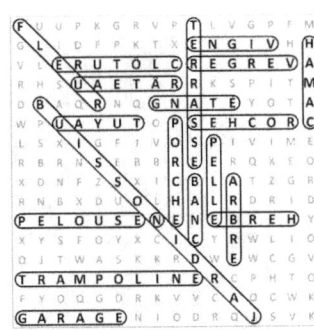

46 - Beroepen #2

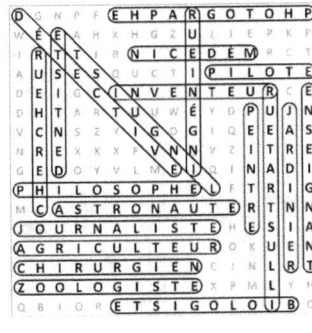

47 - Dagen en Maanden

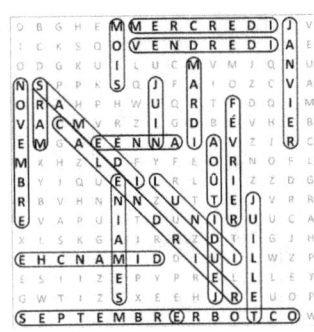

48 - Mode

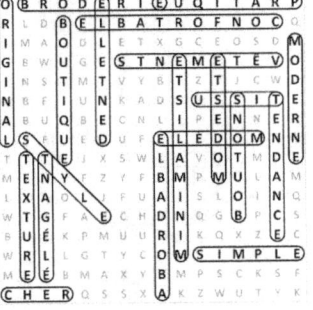

49 - Tuinieren

50 - Menselijk Lichaam

51 - Energie

52 - Familie

53 - Gebouwen

54 - Kunst

55 - Beroepen #1

56 - Antarctica

57 - Ballet

58 - Fruit

59 - Engineering

60 - Literatuur

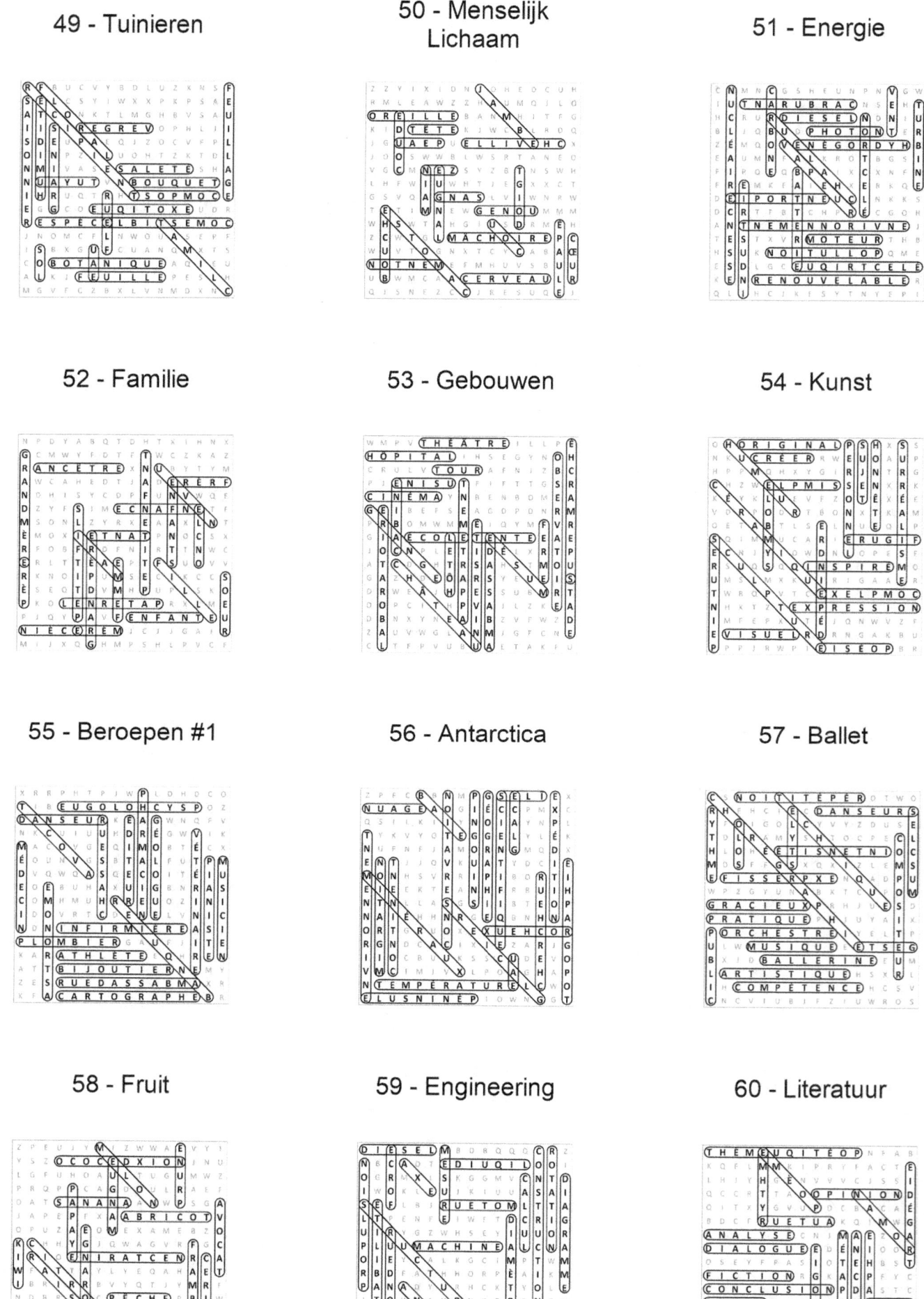

61 - Boeken

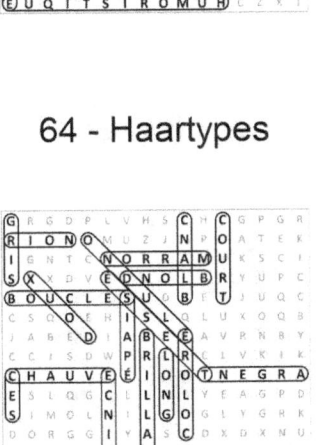

62 - Meer Informatie

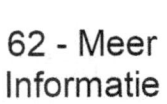
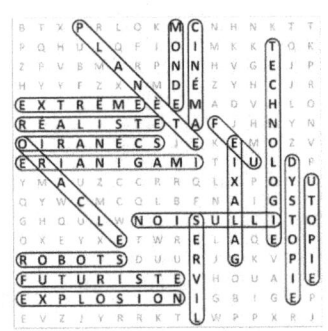

63 - Regenwoud

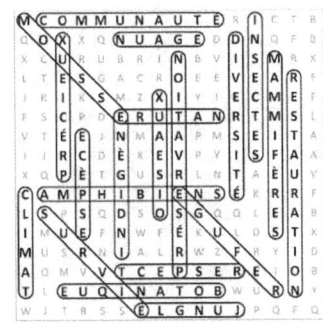

64 - Haartypes

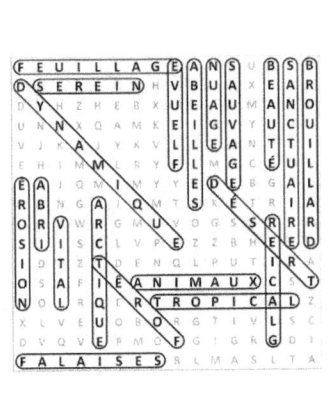

65 - Stad

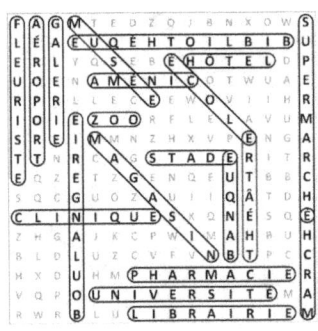

66 - Creativiteit

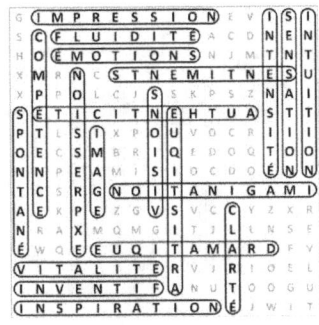

67 - Natuur

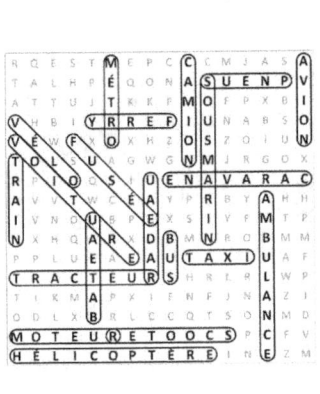

68 - Zoogdieren

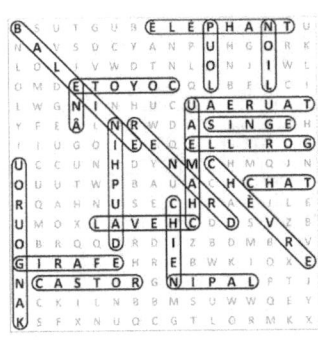

69 - Overheid

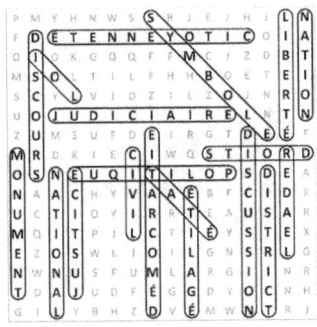

70 - Voertuigen

71 - Geografie

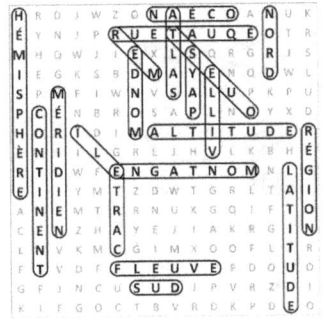

72 - Kunstbenodigdhe

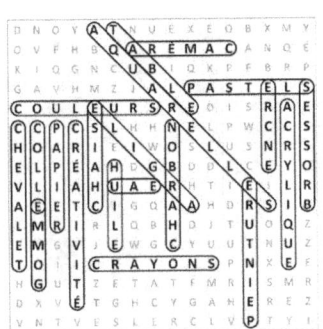

73 - Barbecues

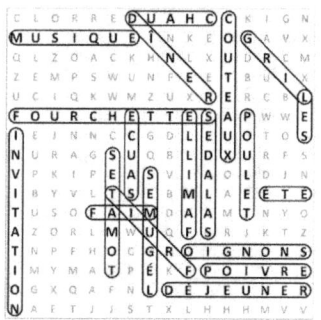

74 - Schoonheid

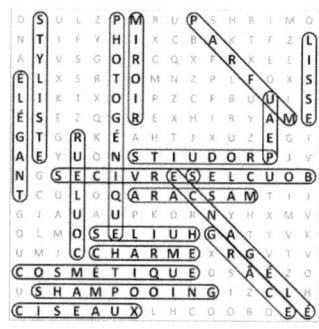

75 - Wetenschappelijk

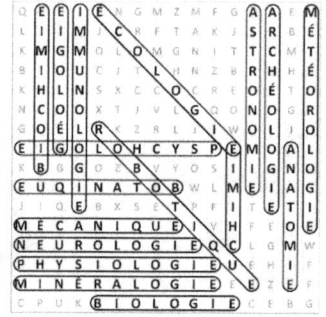

76 - Bijvoeglijke Naamwoorden

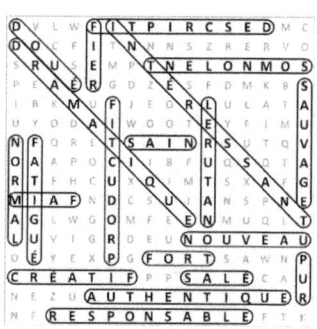

77 - Kleding

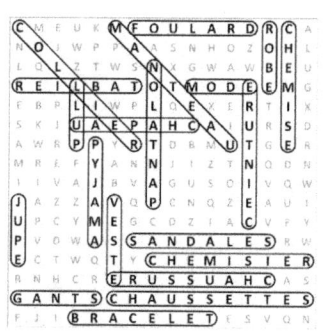

78 - Vliegtuigen

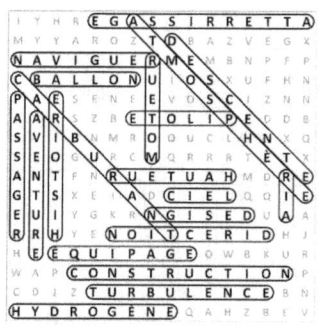

79 - Herbalisme

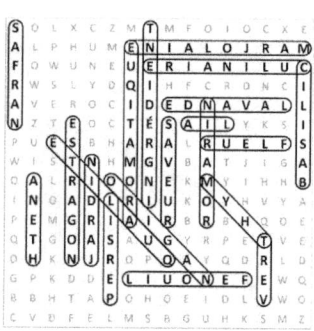

80 - Kracht en Zwaartekracht

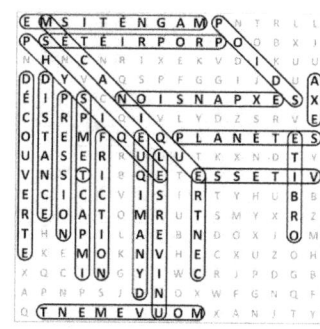

81 - Rijden

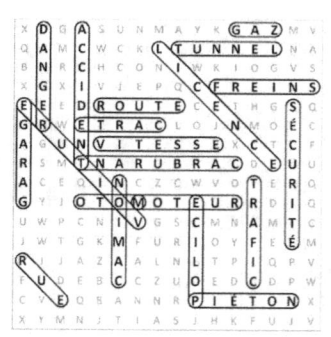

82 - Wetenschap

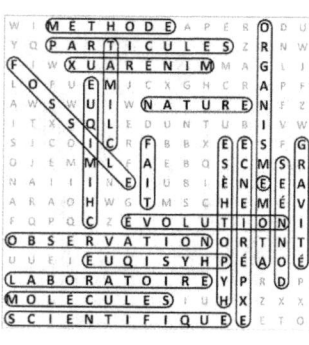

83 - Natuurkunde

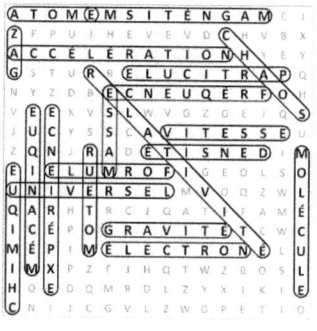

84 - Muziekinstrument

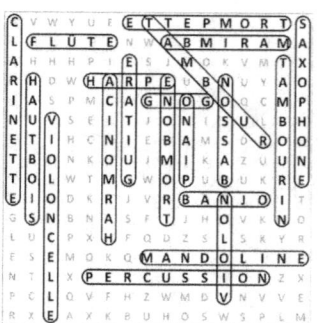

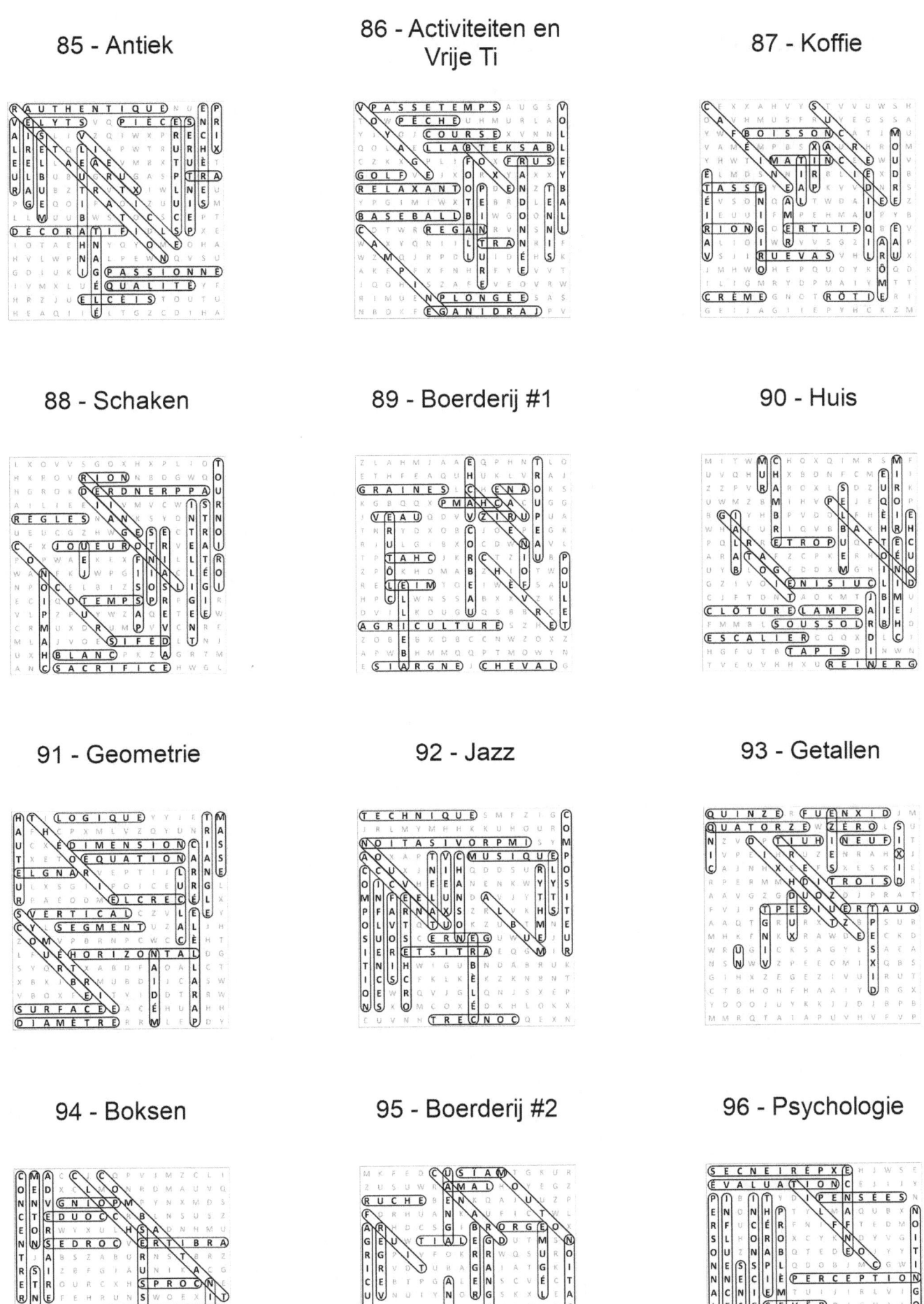

85 - Antiek

86 - Activiteiten en Vrije Ti

87 - Koffie

88 - Schaken

89 - Boerderij #1

90 - Huis

91 - Geometrie

92 - Jazz

93 - Getallen

94 - Boksen

95 - Boerderij #2

96 - Psychologie

97 - Zakelijk

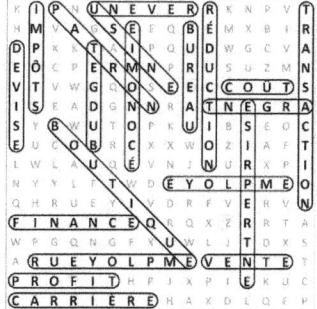

98 - Voeding

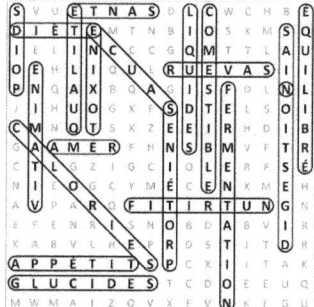

99 - Chemie

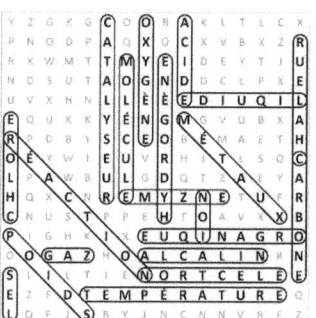

Woordenboek

Activiteiten
Activités

Activiteit	Activité
Ambachten	Artisanat
Dansen	Danse
Fotografie	Photographie
Hengelsport	Pêche
Jacht	Chasse
Kamperen	Camping
Keramiek	Céramique
Kunst	Art
Lezen	Lecture
Magie	Magie
Naaien	Couture
Ontspanning	Relaxation
Plezier	Plaisir
Puzzels	Puzzles
Schilderij	Peinture
Tuinieren	Jardinage
Vaardigheid	Compétence
Vrije Tijd	Loisir
Wandelen	Randonnée

Activiteiten en Vrije Ti
Activités et Loisirs

Basketbal	Basket-Ball
Boksen	Boxe
Duiken	Plongée
Golf	Golf
Hengelsport	Pêche
Hobby	Passe-Temps
Honkbal	Base-Ball
Kamperen	Camping
Kunst	Art
Ontspannen	Relaxant
Racen	Course
Reis	Voyage
Schilderij	Peinture
Surfen	Surf
Tennis	Tennis
Tuinieren	Jardinage
Voetbal	Football
Volleybal	Volley-Ball
Wandelen	Randonnée
Zwemmen	Nager

Agronomie
Agronomie

Duurzaam	Durable
Ecologie	Écologie
Energie	Énergie
Erosie	Érosion
Groei	Croissance
Groente	Légumes
Landbouw	Agriculture
Landelijk	Rural
Mest	Engrais
Omgeving	Environnement
Onderzoek	Recherche
Organisch	Organique
Productie	Production
Systemen	Systèmes
Vervuiling	Pollution
Voedsel	Nourriture
Water	Eau
Wetenschap	Science
Zaden	Graines
Ziekten	Maladies

Algebra
Algèbre

Aftrekken	Soustraction
Diagram	Diagramme
Exponent	Exposant
Factor	Facteur
Formule	Formule
Fractie	Fraction
Grafiek	Graphique
Haakje	Parenthèse
Hoeveelheid	Quantité
Lineair	Linéaire
Matrix	Matrice
Nul	Zéro
Oneindig	Infini
Oplossing	Solution
Probleem	Problème
Som	Somme
Vals	Faux
Variabele	Variable
Vereenvoudigen	Simplifier
Vergelijking	Équation

Antarctica
Antarctique

Baai	Baie
Behoud	Conservation
Continent	Continent
Eilanden	Îles
Expeditie	Expédition
Geografie	Géographie
Gletsjers	Glaciers
Ijs	Glace
Migratie	Migration
Mineralen	Minéraux
Omgeving	Environnement
Onderzoeker	Chercheur
Pinguïn	Pingouins
Rotsachtig	Rocheux
Schiereiland	Péninsule
Temperatuur	Température
Topografie	Topographie
Water	Eau
Wetenschappelijk	Scientifique
Wolken	Nuage

Antiek
Antiquités

Authentiek	Authentique
Beeldhouwwerk	Sculpture
Decoratief	Décoratif
Eeuw	Siècle
Elegant	Élégant
Galerij	Galerie
Item	Article
Kunst	Art
Kwaliteit	Qualité
Liefhebber	Passionné
Meubilair	Meubles
Munten	Pièces
Ongewoon	Inhabituel
Oud	Vieux
Prijs	Prix
Restauratie	Restauration
Schilderijen	Peintures
Stijl	Style
Veiling	Enchères
Waarde	Valeur

Archeologie
Archéologie

Analyse	Analyse
Beschaving	Civilisation
Bevindingen	Résultats
Botten	Os
Deskundige	Expert
Evaluatie	Évaluation
Fossiel	Fossile
Fragmenten	Fragments
Graf	Tombe
Mysterie	Mystère
Nakomeling	Descendant
Objecten	Objets
Onbekend	Inconnu
Onderzoeker	Chercheur
Oudheid	Antiquité
Relikwie	Relique
Team	Équipe
Tempel	Temple
Tijdperk	Ère
Vergeten	Oublié

Astronomie
Astronomie

Aarde	Terre
Asteroïde	Astéroïde
Astronaut	Astronaute
Astronoom	Astronome
Equinox	Équinoxe
Komeet	Comète
Kosmos	Cosmos
Maan	Lune
Meteoor	Météore
Nevel	Nébuleuse
Observatorium	Observatoire
Planeet	Planète
Raket	Fusée
Satelliet	Satellite
Ster	Étoile
Sterrenbeeld	Constellation
Straling	Radiation
Telescoop	Télescope
Universum	Univers
Zwaartekracht	Gravité

Avontuur
Aventure

Activiteit	Activité
Bestemming	Destination
Enthousiasme	Enthousiasme
Excursie	Excursion
Gevaarlijk	Dangereux
Kans	Chance
Moed	Bravoure
Moeilijkheid	Difficulté
Natuur	Nature
Navigatie	Navigation
Nieuw	Nouveau
Ongewoon	Inhabituel
Reizen	Voyages
Schoonheid	Beauté
Uitdagingen	Défis
Veiligheid	Sécurité
Verrassend	Surprenant
Voorbereiding	Préparation
Vreugde	Joie
Vrienden	Amis

Ballet
Ballet

Artistiek	Artistique
Ballerina	Ballerine
Choreografie	Chorégraphie
Componist	Compositeur
Dansers	Danseurs
Expressief	Expressif
Gebaar	Geste
Intensiteit	Intensité
Muziek	Musique
Orkest	Orchestre
Praktijk	Pratique
Publiek	Public
Repetitie	Répétition
Ritme	Rythme
Sierlijk	Gracieux
Solo	Solo
Spieren	Muscles
Stijl	Style
Techniek	Technique
Vaardigheid	Compétence

Barbecues
Barbecues

Diner	Dîner
Familie	Famille
Fruit	Fruit
Grill	Gril
Groente	Légumes
Heet	Chaud
Honger	Faim
Kip	Poulet
Lunch	Déjeuner
Messen	Couteaux
Muziek	Musique
Peper	Poivre
Salades	Salades
Saus	Sauce
Tomaten	Tomates
Uien	Oignons
Uitnodiging	Invitation
Vorken	Fourchettes
Zomer	Été
Zout	Sel

Beroepen #1
Professions #1

Advocaat	Avocat
Ambassadeur	Ambassadeur
Apotheker	Pharmacien
Astronoom	Astronome
Atleet	Athlète
Bankier	Banquier
Cartograaf	Cartographe
Danser	Danseur
Dierenarts	Vétérinaire
Dokter	Médecin
Editor	Éditeur
Geoloog	Géologue
Jager	Chasseur
Juwelier	Bijoutier
Loodgieter	Plombier
Muzikant	Musicien
Pianist	Pianiste
Psycholoog	Psychologue
Verpleegster	Infirmière
Wetenschapper	Scientifique

Beroepen #2
Professions #2

Arts	Médecin
Astronaut	Astronaute
Bioloog	Biologiste
Boer	Agriculteur
Chirurg	Chirurgien
Detective	Détective
Filosoof	Philosophe
Fotograaf	Photographe
Illustrator	Illustrateur
Ingenieur	Ingénieur
Journalist	Journaliste
Leraar	Enseignant
Linguïst	Linguiste
Onderzoeker	Chercheur
Piloot	Pilote
Schilder	Peintre
Tandarts	Dentiste
Tuinman	Jardinier
Uitvinder	Inventeur
Zoöloog	Zoologiste

Bijen
Les Abeilles

Bestuiver	Pollinisateur
Bijenkorf	Ruche
Bloemen	Fleurs
Bloesem	Fleur
Diversiteit	Diversité
Ecosysteem	Écosystème
Fruit	Fruit
Habitat	Habitat
Honing	Miel
Insect	Insecte
Koningin	Reine
Rook	Fumée
Stuifmeel	Pollen
Tuin	Jardin
Vleugels	Ailes
Voedsel	Nourriture
Voordelig	Bénéfique
Was	Cire
Zon	Soleil
Zwerm	Essaim

Bijvoeglijke Naamwoorden
Adjectifs #1

Aantrekkelijk	Attractif
Actief	Actif
Ambitieus	Ambitieux
Aromatisch	Aromatique
Artistiek	Artistique
Belangrijk	Important
Diep	Profond
Donker	Foncé
Dun	Mince
Eerlijk	Honnête
Exotisch	Exotique
Identiek	Identique
Jong	Jeune
Lang	Long
Langzaam	Lent
Modern	Moderne
Onschuldig	Innocent
Perfect	Parfait
Waardevol	Précieux
Zwaar	Lourd

Bijvoeglijke Naamwoorden
Adjectifs #2

Authentiek	Authentique
Begaafd	Doué
Beschrijvend	Descriptif
Creatief	Créatif
Dramatisch	Dramatique
Gezond	Sain
Hongerig	Faim
Interessant	Intéressant
Moe	Fatigué
Natuurlijk	Naturel
Nieuw	Nouveau
Normaal	Normal
Productief	Productif
Slaperig	Somnolent
Sterk	Fort
Trots	Fier
Verantwoordelijk	Responsable
Wild	Sauvage
Zout	Salé
Zuiver	Pur

Biologie
Biologie

Ademhaling	Respiration
Anatomie	Anatomie
Cel	Cellule
Chromosoom	Chromosome
Collageen	Collagène
Eiwit	Protéine
Embryo	Embryon
Enzym	Enzyme
Evolutie	Évolution
Fotosynthese	Photosynthèse
Hormoon	Hormone
Mutatie	Mutation
Natuurlijk	Naturel
Neuron	Neurone
Osmose	Osmose
Reptiel	Reptile
Symbiose	Symbiose
Synaps	Synapse
Zenuw	Nerf
Zoogdier	Mammifère

Bloemen
Fleurs

Bloemblad	Pétale
Boeket	Bouquet
Gardenia	Gardénia
Hibiscus	Hibiscus
Jasmijn	Jasmin
Klaver	Trèfle
Lavendel	Lavande
Lelie	Lys
Madeliefje	Marguerite
Magnolia	Magnolia
Narcis	Jonquille
Orchidee	Orchidée
Paardebloem	Pissenlit
Papaver	Pavot
Passiebloem	Passiflore
Pioenroos	Pivoine
Plumeria	Plumeria
Roos	Rose
Tulp	Tulipe
Zonnebloem	Tournesol

Boeken
Livres

Auteur	Auteur
Avontuur	Aventure
Bladzijde	Page
Collectie	Collection
Context	Contexte
Dualiteit	Dualité
Episch	Épique
Gedicht	Poème
Geschreven	Écrit
Historisch	Historique
Humoristisch	Humoristique
Inventief	Inventif
Lezer	Lecteur
Literair	Littéraire
Poëzie	Poésie
Relevant	Pertinent
Roman	Roman
Tragisch	Tragique
Verhaal	Histoire
Verteller	Narrateur

Boerderij #1
Ferme #1

Bij	Abeille
Ezel	Âne
Geit	Chèvre
Hek	Clôture
Hond	Chien
Honing	Miel
Hooi	Foin
Kalf	Veau
Kat	Chat
Kip	Poulet
Koe	Vache
Kraai	Corbeau
Kudde	Troupeau
Landbouw	Agriculture
Mest	Engrais
Paard	Cheval
Rijst	Riz
Veld	Champ
Water	Eau
Zaden	Graines

Boerderij #2
Ferme #2

Bijenkorf	Ruche
Boer	Agriculteur
Boomgaard	Verger
Dieren	Animaux
Eend	Canard
Fruit	Fruit
Gerst	Orge
Groente	Légume
Herder	Berger
Irrigatie	Irrigation
Lam	Agneau
Lama	Lama
Maïs	Maïs
Melk	Lait
Schaap	Mouton
Schuur	Grange
Tarwe	Blé
Tractor	Tracteur
Weide	Pré
Windmolen	Moulin à Vent

Boksen
Boxe

Elleboog	Coude
Focus	Concentrer
Handschoenen	Gants
Herstel	Récupération
Hoek	Coin
Kin	Menton
Klok	Cloche
Kracht	Force
Lichaam	Corps
Punten	Points
Scheidsrechter	Arbitre
Schoppen	Coup
Snel	Rapide
Tegenstander	Adversaire
Touwen	Cordes
Uitgeput	Épuisé
Vaardigheid	Compétence
Vechter	Combattant
Verwondingen	Blessures
Vuist	Poing

Boten
Bateaux

Anker	Ancre
Bemanning	Équipage
Boei	Bouée
Dok	Dock
Golven	Vagues
Jacht	Yacht
Kajak	Kayak
Kano	Canoë
Maritiem	Maritime
Mast	Mât
Meer	Lac
Motor	Moteur
Nautisch	Nautique
Oceaan	Océan
Rivier	Fleuve
Touw	Corde
Veerboot	Ferry
Vlot	Radeau
Zee	Mer
Zeilboot	Voilier

Camping
Camping

Avontuur	Aventure
Berg	Montagne
Bomen	Arbres
Bos	Forêt
Brand	Feu
Cabine	Cabine
Dieren	Animaux
Hangmat	Hamac
Hoed	Chapeau
Insect	Insecte
Jacht	Chasse
Kaart	Carte
Kano	Canoë
Kompas	Boussole
Lantaarn	Lanterne
Maan	Lune
Meer	Lac
Natuur	Nature
Tent	Tente
Touw	Corde

Chemie
Chimie

Alkalisch	Alcalin
Chloor	Chlore
Elektron	Électron
Enzym	Enzyme
Gas	Gaz
Gewicht	Poids
Ion	Ion
Katalysator	Catalyseur
Koolstof	Carbone
Metalen	Métaux
Molecuul	Molécule
Organisch	Organique
Reactie	Réaction
Temperatuur	Température
Vloeistof	Liquide
Warmte	Chaleur
Waterstof	Hydrogène
Zout	Sel
Zuur	Acide
Zuurstof	Oxygène

Chocolade
Chocolat

Antioxidant	Antioxydant
Aroma	Arôme
Bitter	Amer
Cacao	Cacao
Calorieën	Calories
Exotisch	Exotique
Favoriet	Favori
Heerlijk	Délicieux
Ingrediënt	Ingrédient
Karamel	Caramel
Kokosnoot	Noix de Coco
Kwaliteit	Qualité
Pinda'S	Cacahuètes
Poeder	Poudre
Recept	Recette
Smaak	Goût
Snoep	Bonbon
Suiker	Sucre
Verlangen	Envie
Zoet	Doux

Creativiteit
Créativité

Artistiek	Artistique
Beeld	Image
Dramatisch	Dramatique
Echtheid	Authenticité
Emoties	Émotions
Gevoel	Sensation
Gevoelens	Sentiments
Helderheid	Clarté
Indruk	Impression
Inspiratie	Inspiration
Intensiteit	Intensité
Intuïtie	Intuition
Inventief	Inventif
Spontaan	Spontané
Uitdrukking	Expression
Vaardigheid	Compétence
Verbeelding	Imagination
Visioenen	Visions
Vitaliteit	Vitalité
Vloeibaarheid	Fluidité

Dagen en Maanden
Jours et Mois

Augustus	Août
Dinsdag	Mardi
Donderdag	Jeudi
Februari	Février
Jaar	Année
Januari	Janvier
Juli	Juillet
Juni	Juin
Kalender	Calendrier
Maand	Mois
Maandag	Lundi
Maart	Mars
November	Novembre
Oktober	Octobre
September	Septembre
Vrijdag	Vendredi
Week	Semaine
Woensdag	Mercredi
Zaterdag	Samedi
Zondag	Dimanche

Dans
Danse

Academie	Académie
Beweging	Mouvement
Blij	Joyeux
Choreografie	Chorégraphie
Cultureel	Culturel
Cultuur	Culture
Emotie	Émotion
Expressief	Expressif
Genade	Grâce
Houding	Posture
Klassiek	Classique
Kunst	Art
Lichaam	Corps
Muziek	Musique
Partner	Partenaire
Repetitie	Répétition
Ritme	Rythme
Springen	Saut
Traditioneel	Traditionnel
Visueel	Visuel

De Media
Les Médias

Commercieel	Commercial
Communicatie	Communication
Digitaal	Numérique
Editie	Édition
Feiten	Faits
Financiering	Financement
Houding	Attitudes
Individueel	Individuel
Industrie	Industrie
Intellectueel	Intellectuel
Kranten	Journaux
Lokaal	Local
Mening	Opinion
Netwerk	Réseau
Onderwijs	Éducation
Online	En Ligne
Publiek	Public
Radio	Radio
Televisie	Télévision
Tijdschriften	Magazines

Diplomatie
Diplomatie

Adviseur	Conseiller
Ambassade	Ambassade
Ambassadeur	Ambassadeur
Burgers	Citoyens
Conflict	Conflit
Diplomatiek	Diplomatique
Discussie	Discussion
Ethiek	Éthique
Gemeenschap	Communauté
Gerechtigheid	Justice
Humanitair	Humanitaire
Integriteit	Intégrité
Oplossing	Solution
Politiek	Politique
Regering	Gouvernement
Resolutie	Résolution
Samenwerking	Coopération
Talen	Langues
Veiligheid	Sécurité
Verdrag	Traité

Ecologie
Écologie

Bergen	Montagnes
Diversiteit	Diversité
Droogte	Sécheresse
Duurzaam	Durable
Fauna	Faune
Flora	Flore
Gemeenschappen	Communautés
Globaal	Global
Habitat	Habitat
Klimaat	Climat
Marinier	Marin
Moeras	Marais
Natuur	Nature
Natuurlijk	Naturel
Overleving	Survie
Planten	Plantes
Soort	Espèce
Variëteit	Variété
Vegetatie	Végétation
Vrijwilligers	Bénévoles

Emoties
Émotions

Angst	Peur
Beschaamd	Embarrassé
Dankbaar	Reconnaissant
Droefheid	Tristesse
Inhoud	Contenu
Kalm	Calme
Liefde	Amour
Ontspannen	Détendu
Opgewonden	Excité
Opluchting	Relief
Rust	Tranquillité
Sympathie	Sympathie
Tederheid	Tendresse
Tevreden	Satisfait
Verrassing	Surprise
Verveling	Ennui
Vrede	Paix
Vreugde	Joie
Vriendelijkheid	Gentillesse
Woede	Colère

Energie
Énergie

Accu	Batterie
Benzine	Essence
Brandstof	Carburant
Diesel	Diesel
Elektrisch	Électrique
Elektron	Électron
Entropie	Entropie
Foton	Photon
Hernieuwbaar	Renouvelable
Industrie	Industrie
Koolstof	Carbone
Motor	Moteur
Nucleair	Nucléaire
Omgeving	Environnement
Stoom	Vapeur
Turbine	Turbine
Vervuiling	Pollution
Warmte	Chaleur
Waterstof	Hydrogène
Wind	Vent

Engineering
Ingénierie

As	Axe
Berekening	Calcul
Beweging	Mouvement
Bouw	Construction
Diagram	Diagramme
Diameter	Diamètre
Diepte	Profondeur
Diesel	Diesel
Energie	Énergie
Hoek	Angle
Kracht	Force
Machine	Machine
Meting	Mesure
Motor	Moteur
Rotatie	Rotation
Stabiliteit	Stabilité
Structuur	Structure
Vloeistof	Liquide
Voortstuwing	Propulsion
Wrijving	Friction

Eten #1
Nourriture #1

Aardbei	Fraise
Abrikoos	Abricot
Basilicum	Basilic
Citroen	Citron
Gerst	Orge
Kaneel	Cannelle
Knoflook	Ail
Melk	Lait
Peer	Poire
Pinda	Arachide
Salade	Salade
Sap	Jus
Soep	Soupe
Spinazie	Épinard
Suiker	Sucre
Tonijn	Thon
Ui	Oignon
Vlees	Viande
Wortel	Carotte
Zout	Sel

Eten #2
Nourriture #2

Amandel	Amande
Ananas	Ananas
Appel	Pomme
Asperge	Asperges
Aubergine	Aubergine
Banaan	Banane
Broccoli	Brocoli
Brood	Pain
Druif	Raisin
Ei	Oeuf
Ham	Jambon
Kaas	Fromage
Kip	Poulet
Kiwi	Kiwi
Perzik	Pêche
Rijst	Riz
Tarwe	Blé
Tomaat	Tomate
Vis	Poisson
Yoghurt	Yaourt

Familie
Famille

Broer	Frère
Dochter	Fille
Grootmoeder	Grand-Mère
Jeugd	Enfance
Kind	Enfant
Kinderen	Enfants
Kleinkind	Petit-Enfant
Kleinzoon	Petit-Fils
Man	Mari
Moeder	Mère
Neef	Neveu
Nicht	Nièce
Oom	Oncle
Opa	Grand-Père
Tante	Tante
Vader	Père
Vaderlijk	Paternel
Voorouder	Ancêtre
Vrouw	Femme
Zus	Soeur

Fruit
Fruit

Abrikoos	Abricot
Ananas	Ananas
Appel	Pomme
Avocado	Avocat
Banaan	Banane
Bes	Baie
Citroen	Citron
Druif	Raisin
Framboos	Framboise
Kers	Cerise
Kiwi	Kiwi
Kokosnoot	Noix de Coco
Mango	Mangue
Meloen	Melon
Nectarine	Nectarine
Oranje	Orange
Papaja	Papaye
Peer	Poire
Perzik	Pêche
Pruim	Prune

Gebouwen
Bâtiments

Ambassade	Ambassade
Appartement	Appartement
Bioscoop	Cinéma
Boerderij	Ferme
Cabine	Cabine
Fabriek	Usine
Hotel	Hôtel
Kasteel	Château
Laboratorium	Laboratoire
Museum	Musée
Observatorium	Observatoire
School	École
Schuur	Grange
Stadion	Stade
Supermarkt	Supermarché
Tent	Tente
Theater	Théâtre
Toren	Tour
Universiteit	Université
Ziekenhuis	Hôpital

Geografie
Géographie

Atlas	Atlas
Berg	Montagne
Breedtegraad	Latitude
Continent	Continent
Eiland	Île
Evenaar	Équateur
Halfrond	Hémisphère
Hoogte	Altitude
Kaart	Carte
Land	Pays
Meridiaan	Méridien
Noorden	Nord
Oceaan	Océan
Regio	Région
Rivier	Fleuve
Stad	Ville
Wereld	Monde
Westen	Ouest
Zee	Mer
Zuiden	Sud

Geologie
Géologie

Calcium	Calcium
Continent	Continent
Erosie	Érosion
Fossiel	Fossile
Geiser	Geyser
Gesmolten	Fondu
Grot	Caverne
Koraal	Corail
Kristallen	Cristaux
Kwarts	Quartz
Laag	Couche
Lava	Lave
Mineralen	Minéraux
Plateau	Plateau
Stalactiet	Stalactite
Steen	Pierre
Vulkaan	Volcan
Zone	Zone
Zout	Sel
Zuur	Acide

Geometrie
Géométrie

Berekening	Calcul
Cirkel	Cercle
Curve	Courbe
Diameter	Diamètre
Dimensie	Dimension
Driehoek	Triangle
Hoek	Angle
Hoogte	Hauteur
Horizontaal	Horizontal
Logica	Logique
Massa	Masse
Mediaan	Médian
Oppervlak	Surface
Parallel	Parallèle
Segment	Segment
Symmetrie	Symétrie
Theorie	Théorie
Vergelijking	Équation
Verticaal	Vertical
Vierkant	Carré

Getallen
Nombres

Acht	Huit
Achttien	Dix-Huit
Dertien	Treize
Drie	Trois
Een	Un
Negen	Neuf
Negentien	Dix-Neuf
Nul	Zéro
Tien	Dix
Twaalf	Douze
Twee	Deux
Twintig	Vingt
Veertien	Quatorze
Vier	Quatre
Vijf	Cinq
Vijftien	Quinze
Zes	Six
Zestien	Seize
Zeven	Sept
Zeventien	Dix-Sept

Gezondheid en Welzijn #1
Santé et Bien-Être #1

Actief	Actif
Apotheek	Pharmacie
Bacteriën	Bactéries
Behandeling	Traitement
Breuk	Fracture
Dokter	Médecin
Gewoonte	Habitude
Honger	Faim
Hoogte	Hauteur
Hormonen	Hormone
Huid	Peau
Kliniek	Clinique
Letsel	Blessure
Medicijn	Médicament
Ontspanning	Relaxation
Reflex	Réflexe
Spieren	Muscles
Therapie	Thérapie
Virus	Virus
Zenuwen	Nerfs

Gezondheid en Welzijn #2
Santé et Bien-Être #2

Allergie	Allergie
Anatomie	Anatomie
Bloed	Sang
Calorie	Calorie
Dieet	Diète
Energie	Énergie
Genetica	Génétique
Gewicht	Poids
Gezond	Sain
Herstel	Récupération
Hygiëne	Hygiène
Infectie	Infection
Lichaam	Corps
Massage	Massage
Spijsvertering	Digestion
Stress	Stress
Vitamine	Vitamine
Voeding	Nutrition
Ziekenhuis	Hôpital
Ziekte	Maladie

Groenten
Légumes

Artisjok	Artichaut
Aubergine	Aubergine
Broccoli	Brocoli
Erwt	Pois
Gember	Gingembre
Knoflook	Ail
Komkommer	Concombre
Olijf	Olive
Paddestoel	Champignon
Peterselie	Persil
Pompoen	Citrouille
Raap	Navet
Radijs	Radis
Salade	Salade
Selderij	Céleri
Sjalot	Échalote
Spinazie	Épinard
Tomaat	Tomate
Ui	Oignon
Wortel	Carotte

Haartypes
Types de Cheveux

Blond	Blond
Bruin	Marron
Dik	Épais
Droog	Sec
Dun	Mince
Gekleurd	Coloré
Gevlochten	Tressé
Gezond	Sain
Glimmend	Brillant
Golvend	Ondulé
Grijs	Gris
Kaal	Chauve
Kort	Court
Krullen	Boucles
Krullend	Frisé
Lang	Long
Wit	Blanc
Zacht	Doux
Zilver	Argent
Zwart	Noir

Herbalisme
Herboristerie

Aromatisch	Aromatique
Basilicum	Basilic
Bloem	Fleur
Culinair	Culinaire
Dille	Aneth
Dragon	Estragon
Groen	Vert
Ingrediënt	Ingrédient
Knoflook	Ail
Kwaliteit	Qualité
Lavendel	Lavande
Marjolein	Marjolaine
Oregano	Origan
Peterselie	Persil
Rozemarijn	Romarin
Saffraan	Safran
Smaak	Saveur
Tijm	Thym
Tuin	Jardin
Venkel	Fenouil

Huis
Maison

Bezem	Balai
Bibliotheek	Bibliothèque
Dak	Toit
Deur	Porte
Douche	Douche
Garage	Garage
Haard	Cheminée
Hek	Clôture
Kamer	Chambre
Kelder	Sous-Sol
Keuken	Cuisine
Lamp	Lampe
Meubilair	Meubles
Muur	Mur
Plafond	Plafond
Spiegel	Miroir
Tapijt	Tapis
Trap	Escalier
Tuin	Jardin
Zolder	Grenier

Installaties
Plantes

Bamboe	Bambou
Bes	Baie
Blad	Feuille
Bloem	Fleur
Boom	Arbre
Boon	Haricot
Bos	Forêt
Cactus	Cactus
Flora	Flore
Gebladerte	Feuillage
Gras	Herbe
Groeien	Grandir
Klimop	Lierre
Mest	Engrais
Mos	Mousse
Plantkunde	Botanique
Struik	Buisson
Tuin	Jardin
Vegetatie	Végétation
Wortel	Racine

Jazz
Jazz

Album	Album
Artiest	Artiste
Beroemd	Célèbre
Componist	Compositeur
Concert	Concert
Favorieten	Favoris
Genre	Genre
Improvisatie	Improvisation
Invloed	Influences
Lied	Chanson
Muziek	Musique
Nadruk	Accent
Nieuw	Nouveau
Orkest	Orchestre
Oud	Vieux
Ritme	Rythme
Samenstelling	Composition
Stijl	Style
Talent	Talent
Techniek	Technique

Keuken
Cuisine

Cup	Tasses
Eetstokjes	Baguettes
Grill	Gril
Ketel	Bouilloire
Koelkast	Réfrigérateur
Kom	Bol
Kruik	Cruche
Lepels	Cuillères
Messen	Couteaux
Oven	Four
Pollepel	Louche
Pot	Pot
Recept	Recette
Schort	Tablier
Servet	Serviette
Specerijen	Épices
Spons	Éponge
Voedsel	Nourriture
Vorken	Fourchettes
Vriezer	Congélateur

Kleding
Vêtements

Armband	Bracelet
Blouse	Chemisier
Broek	Pantalon
Handschoenen	Gants
Hoed	Chapeau
Jas	Manteau
Jasje	Veste
Jurk	Robe
Ketting	Collier
Mode	Mode
Pyjama	Pyjama
Riem	Ceinture
Rok	Jupe
Sandalen	Sandales
Schoen	Chaussure
Schort	Tablier
Shirt	Chemise
Sjaal	Foulard
Sokken	Chaussettes
Trui	Pull

Koffie
Café

Aroma	Arôme
Beker	Tasse
Bitter	Amer
Cafeïne	Caféine
Drank	Boisson
Filter	Filtre
Geroosterd	Rôti
Malen	Moudre
Melk	Lait
Ochtend	Matin
Oorsprong	Origine
Prijs	Prix
Room	Crème
Smaak	Saveur
Suiker	Sucre
Variëteit	Variété
Vloeistof	Liquide
Water	Eau
Zuur	Acide
Zwart	Noir

Kracht en Zwaartekracht
Force et Gravité

Afstand	Distance
As	Axe
Baan	Orbite
Beweging	Mouvement
Centrum	Centre
Druk	Pression
Dynamisch	Dynamique
Eigendommen	Propriétés
Gewicht	Poids
Impact	Impact
Magnetisme	Magnétisme
Mechanica	Mécanique
Natuurkunde	Physique
Ontdekking	Découverte
Planeten	Planètes
Snelheid	Vitesse
Tijd	Temps
Uitbreiding	Expansion
Universeel	Universel
Wrijving	Friction

Kunst
Art

Beeldhouwwerk	Sculpture
Complex	Complexe
Creëren	Créer
Eenvoudig	Simple
Eerlijk	Honnête
Figuur	Figure
Geïnspireerd	Inspiré
Humeur	Humeur
Keramisch	Céramique
Onderwerp	Sujet
Origineel	Original
Persoonlijk	Personnel
Poëzie	Poésie
Portretteren	Dépeindre
Samenstelling	Composition
Schilderijen	Peintures
Surrealisme	Surréalisme
Symbool	Symbole
Uitdrukking	Expression
Visueel	Visuel

Kunstbenodigdheden
Fournitures d'Art

Acryl	Acrylique
Aquarellen	Aquarelles
Borstels	Brosses
Camera	Caméra
Creativiteit	Créativité
Ezel	Chevalet
Gom	Gomme
Houtskool	Charbon
Inkt	Encre
Klei	Argile
Kleuren	Couleurs
Lijm	Colle
Olie	Huile
Papier	Papier
Pastel	Pastels
Potloden	Crayons
Stoel	Chaise
Tafel	Table
Verf	Peinture
Water	Eau

Landen #1
Pays #1

België	Belgique
Brazilië	Brésil
Cambodja	Cambodge
Canada	Canada
Chili	Chili
Duitsland	Allemagne
Egypte	Egypte
Irak	Irak
Israël	Israël
Italië	Italie
Letland	Lettonie
Libië	Libye
Marokko	Maroc
Nicaragua	Nicaragua
Noorwegen	Norvège
Panama	Panama
Polen	Pologne
Roemenië	Roumanie
Senegal	Sénégal
Spanje	Espagne

Landen #2
Pays #2

Denemarken	Danemark
Ethiopië	Ethiopie
Frankrijk	France
Griekenland	Grèce
Ierland	Irlande
Indonesië	Indonésie
Japan	Japon
Kenia	Kenya
Laos	Laos
Libanon	Liban
Liberia	Libéria
Maleisië	Malaisie
Mexico	Mexique
Nepal	Népal
Nigeria	Nigeria
Oeganda	Ouganda
Oekraïne	Ukraine
Rusland	Russie
Somalië	Somalie
Syrië	Syrie

Landschappen
Paysages

Berg	Montagne
Eiland	Île
Geiser	Geyser
Gletsjer	Glacier
Grot	Grotte
Heuvel	Colline
IJsberg	Iceberg
Meer	Lac
Moeras	Marais
Oase	Oasis
Oceaan	Océan
Rivier	Fleuve
Schiereiland	Péninsule
Strand	Plage
Toendra	Toundra
Vallei	Vallée
Vulkaan	Volcan
Waterval	Cascade
Woestijn	Désert
Zee	Mer

Literatuur
Littérature

Analogie	Analogie
Analyse	Analyse
Anekdote	Anecdote
Auteur	Auteur
Biografie	Biographie
Conclusie	Conclusion
Dialoog	Dialogue
Fictie	Fiction
Gedicht	Poème
Mening	Opinion
Metafoor	Métaphore
Poëtisch	Poétique
Rijm	Rime
Ritme	Rythme
Roman	Roman
Stijl	Style
Thema	Thème
Tragedie	Tragédie
Vergelijking	Comparaison
Verteller	Narrateur

Meditatie
Méditation

Aandacht	Attention
Aanvaarding	Acceptation
Ademhaling	Respiration
Beweging	Mouvement
Dankbaarheid	Gratitude
Emoties	Émotions
Gedachten	Pensées
Geluk	Bonheur
Helderheid	Clarté
Houding	Posture
Mededogen	Compassion
Mentaal	Mental
Muziek	Musique
Natuur	Nature
Observatie	Observation
Perspectief	Perspective
Stilte	Silence
Vrede	Paix
Vriendelijkheid	Gentillesse
Wakker	Éveillé

Meer Informatie
Science-Fiction

Bioscoop	Cinéma
Boeken	Livres
Brand	Feu
Denkbeeldig	Imaginaire
Dystopie	Dystopie
Explosie	Explosion
Extreem	Extrême
Fantastisch	Fantastique
Futuristisch	Futuriste
Illusie	Illusion
Mysterieus	Mystérieux
Orakel	Oracle
Planeet	Planète
Realistisch	Réaliste
Robots	Robots
Scenario	Scénario
Sterrenstelsel	Galaxie
Technologie	Technologie
Utopie	Utopie
Wereld	Monde

Menselijk Lichaam
Corps Humain

Been	Jambe
Bloed	Sang
Elleboog	Coude
Enkel	Cheville
Hand	Main
Hart	Cœur
Hersenen	Cerveau
Hoofd	Tête
Huid	Peau
Kaak	Mâchoire
Kin	Menton
Knie	Genou
Maag	Estomac
Mond	Bouche
Nek	Cou
Neus	Nez
Oor	Oreille
Schouder	Épaule
Tong	Langue
Vinger	Doigt

Metingen
Mesures

Breedte	Largeur
Byte	Octet
Centimeter	Centimètre
Decimaal	Décimal
Diepte	Profondeur
Gewicht	Poids
Gram	Gramme
Hoogte	Hauteur
Inch	Pouce
Kilogram	Kilogramme
Kilometer	Kilomètre
Lengte	Longueur
Liter	Litre
Massa	Masse
Meter	Mètre
Minuut	Minute
Ons	Once
Pint	Pinte
Ton	Tonne
Volume	Volume

Mode
Mode

Bescheiden	Modeste
Betaalbaar	Abordable
Borduurwerk	Broderie
Comfortabel	Confortable
Duur	Cher
Eenvoudig	Simple
Elegant	Élégant
Kant	Dentelle
Kleding	Vêtements
Knop	Boutons
Minimalistisch	Minimaliste
Modern	Moderne
Origineel	Original
Patroon	Modèle
Praktisch	Pratique
Stijl	Style
Stof	Tissu
Textuur	Texture
Trend	Tendance
Winkel	Boutique

Muziek
Musique

Album	Album
Ballade	Ballade
Eclectisch	Éclectique
Harmonie	Harmonie
Improviseren	Improviser
Instrument	Instrument
Klassiek	Classique
Koor	Chœur
Lyrisch	Lyrique
Melodie	Mélodie
Microfoon	Microphone
Muzikaal	Musical
Muzikant	Musicien
Opera	Opéra
Poëtisch	Poétique
Ritme	Rythme
Ritmisch	Rythmique
Tempo	Tempo
Zanger	Chanteur
Zingen	Chanter

Muziekinstrumenten
Instruments de Musique

Banjo	Banjo
Cello	Violoncelle
Fagot	Basson
Fluit	Flûte
Gitaar	Guitare
Gong	Gong
Harp	Harpe
Hobo	Hautbois
Klarinet	Clarinette
Mandoline	Mandoline
Marimba	Marimba
Mondharmonica	Harmonica
Percussie	Percussion
Piano	Piano
Saxofoon	Saxophone
Tamboerijn	Tambourin
Trombone	Trombone
Trommel	Tambour
Trompet	Trompette
Viool	Violon

Mythologie
Mythologie

Archetype	Archétype
Bliksem	Éclair
Creatie	Création
Cultuur	Culture
Donder	Tonnerre
Doolhof	Labyrinthe
Gedrag	Comportement
Held	Héros
Heldin	Héroïne
Hemel	Ciel
Jaloezie	Jalousie
Kracht	Force
Krijger	Guerrier
Legende	Légende
Monster	Monstre
Onsterfelijkheid	Immortalité
Ramp	Catastrophe
Sterfelijk	Mortel
Wezen	Créature
Wraak	Vengeance

Natuur
Nature

Arctisch	Arctique
Bijen	Abeilles
Bos	Forêt
Dieren	Animaux
Dynamisch	Dynamique
Erosie	Érosion
Gebladerte	Feuillage
Gletsjer	Glacier
Heiligdom	Sanctuaire
Klippen	Falaises
Mist	Brouillard
Rivier	Fleuve
Schoonheid	Beauté
Schuilplaats	Abri
Sereen	Serein
Tropisch	Tropical
Vitaal	Vital
Wild	Sauvage
Woestijn	Désert
Wolken	Nuage

Natuurkunde
Physique

Atoom	Atome
Chaos	Chaos
Chemisch	Chimique
Deeltje	Particule
Dichtheid	Densité
Elektron	Électron
Experiment	Expérience
Formule	Formule
Frequentie	Fréquence
Gas	Gaz
Magnetisme	Magnétisme
Massa	Masse
Mechanica	Mécanique
Molecuul	Molécule
Motor	Moteur
Relativiteit	Relativité
Snelheid	Vitesse
Universeel	Universel
Versnelling	Accélération
Zwaartekracht	Gravité

Oceaan
Océan

Aal	Anguille
Algen	Algue
Boot	Bateau
Dolfijn	Dauphin
Garnaal	Crevette
Getijden	Marées
Haai	Requin
Koraal	Corail
Krab	Crabe
Kwal	Méduse
Octopus	Poulpe
Oester	Huître
Rif	Récif
Schildpad	Tortue
Spons	Éponge
Storm	Tempête
Tonijn	Thon
Vis	Poisson
Walvis	Baleine
Zout	Sel

Opwarming van de Aarde
Réchauffement Climatique

Aandacht	Attention
Arctisch	Arctique
Crisis	Crise
Energie	Énergie
Gas	Gaz
Gegevens	Données
Generaties	Générations
Gevolgen	Conséquences
Industrie	Industrie
Internationaal	International
Klimaat	Climat
Mensen	Humains
Nu	Maintenant
Ontwikkeling	Développement
Regering	Gouvernement
Temperaturen	Températures
Toekomst	Futur
Veranderingen	Changements
Wetenschapper	Scientifique
Wetgeving	Législation

Overheid
Gouvernement

Burgerschap	Citoyenneté
Civiel	Civil
Democratie	Démocratie
Discussie	Discussion
Gelijkheid	Égalité
Gerechtelijk	Judiciaire
Gerechtigheid	Justice
Grondwet	Constitution
Leider	Leader
Monument	Monument
Natie	Nation
Nationaal	National
Politiek	Politique
Rechten	Droits
Staat	État
Symbool	Symbole
Toespraak	Discours
Vrijheid	Liberté
Wet	Loi
Wijk	District

Psychologie
Psychologie

Afspraak	Rendez-Vous
Beoordeling	Évaluation
Bewusteloos	Inconscient
Cognitie	Cognition
Conflict	Conflit
Dromen	Rêves
Ego	Ego
Emoties	Émotions
Ervaringen	Expériences
Gedachten	Pensées
Gedrag	Comportement
Gevoel	Sensation
Invloed	Influences
Jeugd	Enfance
Klinisch	Clinique
Perceptie	Perception
Persoonlijkheid	Personnalité
Probleem	Problème
Realiteit	Réalité
Therapie	Thérapie

Regenwoud
Forêt Tropicale

Amfibieën	Amphibiens
Behoud	Préservation
Botanisch	Botanique
Diversiteit	Diversité
Gemeenschap	Communauté
Inheems	Indigène
Insecten	Insectes
Jungle	Jungle
Klimaat	Climat
Mos	Mousse
Natuur	Nature
Overleving	Survie
Respect	Respect
Restauratie	Restauration
Soort	Espèce
Toevlucht	Refuge
Vogels	Oiseaux
Waardevol	Précieux
Wolken	Nuage
Zoogdieren	Mammifères

Restaurant #2
Restaurant #2

Cake	Gâteau
Diner	Dîner
Drank	Boisson
Eieren	Oeuf
Fruit	Fruit
Groente	Légumes
Heerlijk	Délicieux
Ijs	Glace
Lepel	Cuillère
Lunch	Déjeuner
Noedels	Nouilles
Ober	Serveur
Salade	Salade
Soep	Soupe
Specerijen	Épices
Stoel	Chaise
Vis	Poisson
Vork	Fourchette
Water	Eau
Zout	Sel

Rijden
Conduite

Auto	Voiture
Brandstof	Carburant
Garage	Garage
Gas	Gaz
Gevaar	Danger
Kaart	Carte
Licentie	Licence
Motor	Moteur
Motorfiets	Moto
Ongeluk	Accident
Politie	Police
Remmen	Freins
Snelheid	Vitesse
Straat	Rue
Tunnel	Tunnel
Veiligheid	Sécurité
Verkeer	Trafic
Voetganger	Piéton
Vrachtauto	Camion
Weg	Route

Schaken
Échecs

Diagonaal	Diagonal
Kampioen	Champion
Koning	Roi
Koningin	Reine
Leren	Apprendre
Offer	Sacrifice
Passief	Passif
Punten	Points
Reglement	Règles
Slim	Intelligent
Spel	Jeu
Speler	Joueur
Strategie	Stratégie
Tegenstander	Adversaire
Tijd	Temps
Toernooi	Tournoi
Uitdagingen	Défis
Wedstrijd	Concours
Wit	Blanc
Zwart	Noir

Schoonheid
Beauté

Charme	Charme
Cosmetica	Cosmétique
Diensten	Services
Elegant	Élégant
Elegantie	Élégance
Fotogeniek	Photogénique
Genade	Grâce
Geur	Parfum
Glad	Lisse
Huid	Peau
Kleur	Couleur
Krullen	Boucles
Mascara	Mascara
Oliën	Huiles
Producten	Produits
Schaar	Ciseaux
Shampoo	Shampooing
Spiegel	Miroir
Stilist	Styliste
Verzinnen	Maquillage

Specerijen
Épices

Anijs	Anis
Bitter	Amer
Fenegriek	Fenugrec
Gember	Gingembre
Kaneel	Cannelle
Kardemom	Cardamome
Kerrie	Curry
Knoflook	Ail
Komijn	Cumin
Koriander	Coriandre
Kruidnagel	Girofle
Nootmuskaat	Muscade
Paprika	Paprika
Saffraan	Safran
Smaak	Saveur
Ui	Oignon
Vanille	Vanille
Venkel	Fenouil
Zoet	Doux
Zout	Sel

Stad
Ville

Apotheek	Pharmacie
Bakkerij	Boulangerie
Bank	Banque
Bibliotheek	Bibliothèque
Bioscoop	Cinéma
Bloemist	Fleuriste
Boekhandel	Librairie
Dierentuin	Zoo
Galerij	Galerie
Hotel	Hôtel
Kliniek	Clinique
Luchthaven	Aéroport
Markt	Marché
Museum	Musée
School	École
Stadion	Stade
Supermarkt	Supermarché
Theater	Théâtre
Universiteit	Université
Winkel	Magasin

Tijd
Temps

Dag	Jour
Decennium	Décennie
Eeuw	Siècle
Gisteren	Hier
Jaar	Année
Jaarlijks	Annuel
Kalender	Calendrier
Klok	Horloge
Maand	Mois
Middag	Midi
Minuut	Minute
Morgen	Demain
Na	Après
Nacht	Nuit
Nu	Maintenant
Ochtend	Matin
Toekomst	Futur
Uur	Heure
Vandaag	Aujourd'Hui
Week	Semaine

Tuin
Jardin

Bank	Banc
Bloem	Fleur
Boom	Arbre
Boomgaard	Verger
Garage	Garage
Gazon	Pelouse
Gras	Herbe
Hangmat	Hamac
Hark	Râteau
Hek	Clôture
Rotsen	Roches
Schop	Pelle
Slang	Tuyau
Struik	Buisson
Terras	Terrasse
Trampoline	Trampoline
Tuin	Jardin
Veranda	Porche
Vijver	Étang
Wijnstok	Vigne

Tuinieren
Jardinage

Blad	Feuille
Bloemen	Floral
Bloesem	Fleur
Bodem	Sol
Boeket	Bouquet
Boomgaard	Verger
Botanisch	Botanique
Compost	Compost
Container	Récipient
Eetbaar	Comestible
Exotisch	Exotique
Gebladerte	Feuillage
Klimaat	Climat
Seizoensgebonden	Saisonnier
Slang	Tuyau
Soort	Espèce
Vocht	Humidité
Vuil	Saleté
Water	Eau
Zaden	Graines

Universum
Univers

Asteroïde	Astéroïde
Astronomie	Astronomie
Astronoom	Astronome
Atmosfeer	Atmosphère
Baan	Orbite
Breedtegraad	Latitude
Dierenriem	Zodiaque
Duisternis	Obscurité
Evenaar	Équateur
Halfrond	Hémisphère
Hemel	Ciel
Horizon	Horizon
Kantelen	Inclinaison
Kosmisch	Cosmique
Lengtegraad	Longitude
Maan	Lune
Sterrenstelsel	Galaxie
Telescoop	Télescope
Zichtbaar	Visible
Zonnewende	Solstice

Vakantie #2
Vacances #2

Bestemming	Destination
Buitenlander	Étranger
Eiland	Île
Hotel	Hôtel
Kaart	Carte
Kamperen	Camping
Luchthaven	Aéroport
Paspoort	Passeport
Reis	Voyage
Reserveringen	Réservations
Restaurant	Restaurant
Strand	Plage
Taxi	Taxi
Tent	Tente
Trein	Train
Vakantie	Vacances
Vervoer	Transport
Visum	Visa
Vrije Tijd	Loisir
Zee	Mer

Vliegtuigen
Avions

Afdaling	Descente
Atmosfeer	Atmosphère
Avontuur	Aventure
Ballon	Ballon
Bemanning	Équipage
Bouw	Construction
Brandstof	Carburant
Geschiedenis	Histoire
Hemel	Ciel
Hoogte	Hauteur
Landen	Atterrissage
Lucht	Air
Motor	Moteur
Navigeren	Naviguer
Ontwerp	Design
Passagier	Passager
Piloot	Pilote
Richting	Direction
Turbulentie	Turbulence
Waterstof	Hydrogène

Voeding
Nutrition

Bitter	Amer
Calorieën	Calories
Dieet	Diète
Eetbaar	Comestible
Eetlust	Appétit
Eiwitten	Protéines
Evenwichtig	Équilibré
Fermentatie	Fermentation
Gewicht	Poids
Gezond	Sain
Gezondheid	Santé
Koolhydraten	Glucides
Kwaliteit	Qualité
Saus	Sauce
Smaak	Saveur
Spijsvertering	Digestion
Toxine	Toxine
Vitamine	Vitamine
Vloeistoffen	Liquides
Voedingsstof	Nutritif

Voertuigen
Véhicules

Ambulance	Ambulance
Auto	Voiture
Banden	Pneus
Boot	Bateau
Bus	Bus
Caravan	Caravane
Fiets	Vélo
Helikopter	Hélicoptère
Metro	Métro
Motor	Moteur
Onderzeeër	Sous-Marin
Raket	Fusée
Scooter	Scooter
Taxi	Taxi
Tractor	Tracteur
Trein	Train
Veerboot	Ferry
Vliegtuig	Avion
Vlot	Radeau
Vrachtauto	Camion

Vogels
Oiseaux

Duif	Colombe
Eend	Canard
Ei	Oeuf
Flamingo	Flamant
Gans	Oie
Kip	Poulet
Koekoek	Coucou
Kraai	Corbeau
Meeuw	Mouette
Mus	Moineau
Ooievaar	Cigogne
Papegaai	Perroquet
Pauw	Paon
Pelikaan	Pélican
Pinguïn	Manchot
Reiger	Héron
Struisvogel	Autruche
Toekan	Toucan
Uil	Hibou
Zwaan	Cygne

Vormen
Formes

Bol	Sphère
Boog	Arc
Cilinder	Cylindre
Cirkel	Cercle
Curve	Courbe
Driehoek	Triangle
Hoek	Coin
Hyperbool	Hyperbole
Kant	Côté
Kegel	Cône
Kubus	Cube
Lijn	Ligne
Ovaal	Ovale
Piramide	Pyramide
Prisma	Prisme
Randen	Bords
Rechthoek	Rectangle
Ronde	Rond
Veelhoek	Polygone
Vierkant	Carré

Wandelen
Randonnée

Berg	Montagne
Dieren	Animaux
Gevaren	Dangers
Kaart	Carte
Kamperen	Camping
Klif	Falaise
Klimaat	Climat
Laarzen	Bottes
Moe	Fatigué
Muggen	Moustiques
Natuur	Nature
Oriëntatie	Orientation
Parken	Parcs
Stenen	Pierres
Top	Sommet
Voorbereiding	Préparation
Water	Eau
Wild	Sauvage
Zon	Soleil
Zwaar	Lourd

Wetenschap
Science

Atoom	Atome
Chemisch	Chimique
Deeltjes	Particules
Evolutie	Évolution
Experiment	Expérience
Feit	Fait
Fossiel	Fossile
Gegevens	Données
Hypothese	Hypothèse
Klimaat	Climat
Laboratorium	Laboratoire
Methode	Méthode
Mineralen	Minéraux
Moleculen	Molécules
Natuur	Nature
Natuurkunde	Physique
Observatie	Observation
Organisme	Organisme
Wetenschapper	Scientifique
Zwaartekracht	Gravité

Wetenschappelijke Discip
Disciplines Scientifiques

Anatomie	Anatomie
Archeologie	Archéologie
Astronomie	Astronomie
Biochemie	Biochimie
Biologie	Biologie
Chemie	Chimie
Ecologie	Écologie
Fysiologie	Physiologie
Geologie	Géologie
Immunologie	Immunologie
Mechanica	Mécanique
Meteorologie	Météorologie
Mineralogie	Minéralogie
Neurologie	Neurologie
Plantkunde	Botanique
Psychologie	Psychologie
Robotica	Robotique
Sociologie	Sociologie
Voeding	Nutrition
Zoölogie	Zoologie

Wiskunde
Mathématiques

Bol	Sphère
Decimaal	Décimal
Diameter	Diamètre
Divisie	Division
Driehoek	Triangle
Exponent	Exposant
Fractie	Fraction
Geometrie	Géométrie
Hoeken	Angles
Omtrek	Circonférence
Parallel	Parallèle
Rechthoek	Rectangle
Rekenkundig	Arithmétique
Som	Somme
Straal	Rayon
Symmetrie	Symétrie
Veelhoek	Polygone
Vergelijking	Équation
Vierkant	Carré
Volume	Volume

Zakelijk
Entreprise

Baas	Patron
Bedrijf	Entreprise
Begroting	Budget
Belastingen	Impôts
Carrière	Carrière
Economie	Économie
Fabriek	Usine
Financiën	Finance
Geld	Argent
Inkomen	Revenu
Kantoor	Bureau
Korting	Réduction
Kosten	Coût
Transactie	Transaction
Valuta	Devise
Verkoop	Vente
Werkgever	Employeur
Werknemer	Employé
Winkel	Boutique
Winst	Profit

Ziekte
Maladie

Ademhaling	Respiratoire
Allergieën	Allergies
Bacterieel	Bactérien
Besmettelijk	Contagieux
Botten	Os
Buik	Abdominal
Chronisch	Chronique
Erfelijk	Héréditaire
Genetisch	Génétique
Genezing	Guérison
Gezondheid	Santé
Hart	Cœur
Immuniteit	Immunité
Lichaam	Corps
Neuropathie	Neuropathie
Ontsteking	Inflammation
Sinus	Sinus
Syndroom	Syndrome
Therapie	Thérapie
Zwak	Faible

Zoogdieren
Mammifères

Aap	Singe
Bever	Castor
Coyote	Coyote
Dolfijn	Dauphin
Ezel	Âne
Geit	Chèvre
Giraf	Girafe
Gorilla	Gorille
Hond	Chien
Kameel	Chameau
Kangoeroe	Kangourou
Kat	Chat
Konijn	Lapin
Leeuw	Lion
Olifant	Éléphant
Paard	Cheval
Stier	Taureau
Vos	Renard
Walvis	Baleine
Wolf	Loup

Gefeliciteerd

Je hebt het gehaald!

We hopen dat u net zoveel plezier beleeft aan dit boek als wij aan het maken ervan. We doen ons best om spellen van hoge kwaliteit te maken.

Deze puzzels zijn op een slimme manier ontworpen zodat je actief kunt leren terwijl je plezier hebt!

Vond je ze mooi?

Een Eenvoudig Verzoek

Onze boeken bestaan dankzij de recensies die zij publiceren. Kunt u ons helpen door nu een mening achter te laten ?

Hier is een korte link die u naar uw bestellingen beoordelingspagina.

BestBooksActivity.com/Recensie50

FINAAL UITDAGING!

Uitdaging nr. 1

Klaar voor uw bonusspel? We gebruiken ze de hele tijd, maar ze zijn niet zo gemakkelijk te vinden. Hier zijn **Synoniemen!**

Noteer 5 woorden die je ontdekt hebt in elk van de onderstaande puzzels (nr. 21, nr. 36, nr. 76) en probeer voor elk woord 2 synoniemen te vinden.

Notitie 5 Woorden uit Puzzle 21

Woorden	Synoniem 1	Synoniem 2

Notitie 5 Woorden uit Puzzle 36

Woorden	Synoniem 1	Synoniem 2

Notitie 5 Woorden uit Puzzle 76

Woorden	Synoniem 1	Synoniem 2

Uitdaging nr. 2

Nu je opgewarmd bent, noteer 5 woorden die je ontdekt hebt in elke hieronder genoteerde puzzel (nr. 9, nr. 17, nr. 25) en probeer voor elk woord 2 antoniemen te vinden. Hoeveel regels kan je doen in 20 minuten?

Notitie 5 Woorden uit *Puzzle 9*

Woorden	Antoniem 1	Antoniem 2

Notitie 5 Woorden uit *Puzzle 17*

Woorden	Antoniem 1	Antoniem 2

Notitie 5 Woorden uit *Puzzle 25*

Woorden	Antoniem 1	Antoniem 2

Uitdaging nr. 3

Prachtig, deze finaal uitdaging is makkelijk voor jou!

Klaar voor de laatste? Kies je 10 favoriete woorden die je in een van de puzzels hebt ontdekt en noteer ze hieronder.

1.	6.
2.	7.
3.	8.
4.	9.
5.	10.

De uitdaging is nu om met deze woorden en binnen een maximum van zes zinnen een tekst te schrijven over een persoon, dier of plaats waar je van houdt!

Tip: U kunt de laatste blanco pagina van dit boek als kladblaadje gebruiken!

Je schrijven:

NOTITIEBOEKJE:

TOT SNEL!

Linguas Classics

GENIET VAN GRATIS SPELLEN

GO

↓

BESTACTIVITYBOOKS.COM/FREEGAMES